其俗土著，耕田，田稻麥。有蒲陶酒，多善馬，馬汗血

# 打開傳說中的書
## About ClassicsNow.net

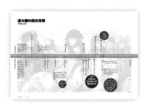

關鍵時間、人物、地點,在書前有簡明要點。

「1.0」:以跨越文字、繪畫、攝影、圖表的多元角度,破解經典的神秘符號。

「2.0」:以圖像來重現原典,或者重新做創作性的詮釋。

　　大約一百年前,甘地在非洲當律師。有天,他要搭長途火車,朋友在月台上送了他一本書。火車抵站的時候,他讀完了那本書,知道自己的未來從此不同。因為,「我決心根據這本書的理念,改變我的人生。」

　　日後,甘地被稱為印度聖雄的一些基本理念與信仰,都可溯源到這本書\*。

◎

　　閱讀,可以有許多收穫與快樂。

　　其中最神奇的是,如果我們有幸遇上一本充滿魔力的書,就會跨進一個自己原先無從遭遇的世界,見識到超出想像之外的天地與人物。於是,我們對人生、對未來的認知與準備,截然改觀。

◎

　　充滿這種魔力的書很多。流傳久遠的,就有了「經典」的稱呼。

　　稱之為「經典」,原是讚嘆與敬意。偏偏,敬意也容易轉變為敬畏。因此,不論中外,提到「經典」會敬而遠之,是人性之常。

　　還不只如此。這些魔力之書的內容,包括其時間與空間的背景、作者與相關人物的關係、遣詞用字的意涵,隨著物換星移,也可能會越來越神秘,難以為後人所理解。

　　於是,「經典」很容易就成為「傳說中的書」——人人久聞其名,卻沒有機會也不知如何打開的書。

我們讓傳說中的書隨風而逝，作者固然遺憾，損失的還是我們。

每一部經典，都是作者夢想之作的實現；每一部經典，都可以召喚起讀者內心的另一個夢想。

讓經典塵封，其實是在封閉我們自己的世界和天地。

◎

何不換個方法面對經典？何不讓經典還原其魔力之書的本來面目？

這就是我們的想法。

因此，我們先請一個人，就他的角度，介紹他看到這部經典的魔力何在。

再來，我們以跨越文字、繪畫、攝影、圖表的多元角度，來打開困鎖住魔力之書的種種神秘符號。

然後，為了使現代讀者不會在時間和心力上感到太大壓力，我們挑選經典原著最核心、最關鍵的篇章，希望讀者直接面對魔力之書的原始精髓。此外，還有一個網站，提供相關內容的整合、影音資料、延伸閱讀，以及讀者互動的可能。

因為這是從多元角度來體驗經典，所以我們稱之為《經典3.0》。

◎

最後，我們邀請的就是讀者，您了。

您要做的唯一的事情，就是對這些魔力之書的光環不要感到壓力，而是好奇。

您會發現：打開傳說中的書，原來就是打開自己的夢想與未來。

*那本書是英國作家與思想家羅斯金（John Ruskin）寫的《給未來者言》（*Unto This Last*）。

「3.0」：經典原著中，最關鍵與最核心的篇章選讀。

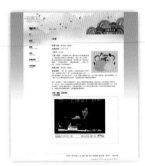

ClassicsNow.net網站，提供相關影音資料及延伸閱讀，以及讀者的互動。

經典3.0
ClassicsNow.net

# 從此葡萄入漢家

## 史記・大宛列傳

### The Records of the Grand Historian :
### The Country of Dayue

司馬遷 原著

葛劍雄 導讀

李曼吟 2.0繪圖

# 他們這麼說這本書
## What They Say

插畫：吳承圃

 六經之後
惟有此作

**鄭樵**

📅 1104 ～ 1162

💬 南宋史學家鄭樵在其著作《通志》中，讚賞《史記》的影響時指出：「百代而下，史官不能易其法，學者不能舍其書，六經之後，惟有此作。」

**章學誠**

📅 1738 ～ 1801

💬 清代史學家章學誠認為司馬遷有卓越的見識和寫作能力，其著作《史記》一書「範圍千古，牢籠百家」。並且在史學理論名著《文史通義》中指出：「夫史遷絕學，《春秋》之後一人而已。」

範圍千古
牢籠百家

 凡屬學人
必須一讀

**梁啟超**

📅 1873 ～ 1929

💬 清末的思想家梁啟超認為：「史界太祖，端推司馬遷」，「太史公誠史界之造物主也」。他對《史記》評價甚高，並且主張此書「凡屬學人，必須一讀」。

福原義春

 1931～

 身為日本資生堂的第三代創辦人、名譽會長福原義春，也喜愛閱讀《史記》。他曾在訪談中談到：「人生會累積許多經驗，越來越會發現，許多成功與失敗的模式是類似的，把歷史縱深拉到兩千年前的《史記》，當時的人已經經歷過各式各樣的人生經驗，在其中累積智慧與教訓，而且在現代依然適用，這些都是免費學習古人的智慧。」他認為：「由古鑑今，可以從《史記》汲取古人的智慧，讓自己免於重蹈覆轍，得到許多收穫。」

從《史記》汲取古人的智慧讓自己免於重蹈覆轍

葛劍雄

 1945～

這本書的導讀者葛劍雄，現任上海復旦大學中國歷史地理研究中心教授。他認為在西漢官員中，《史記》作者司馬遷的遊蹤是見於記載的最廣的一位。在當時一般的官員和士人，如果沒有職務需要或特殊原因，親自遠行是很困難的，經歷的地方也有限。因此，張騫通西域的意義代表著突破了漢朝人的地理知識圈，開闢了一片新天地──西域。他說道：「張騫將自己的見聞向漢武帝做了詳細的報告，而且講得很清楚，哪些是自己親身經歷的，哪些是聽說的。司馬遷作為太史令，將這些都做了記載，成為《史記》和以後的《漢書》中主要的資料來源。」

司馬遷的遊蹤是見於記載的最廣的一位

你

 ？

在二十一世紀此刻的你，讀了這本書又有什麼話要說呢？請到ClassicsNow.net上發表你的讀後感想，並參考我們的「夢想實現」計畫。

你要說些什麼？

# 書中的一些人物
## Book Characters

插畫：吳承圃

📅 ？～前114

💬 一位卓越的旅行家、外交家與探險家。公元前139年，漢武帝派張騫首次出使西域，前往大月氏國，但中途遭匈奴俘虜囚禁。張騫在匈奴領地娶妻生子，生活了十多年，後來帶著隨從和匈奴妻子逃回中國。公元前119年，張騫再度出使西域，前往烏孫。張騫的兩次出使，史稱「鑿空」，開啟了「絲綢之路」。

## 漢武帝

📅 公元前156～前87

💬 漢武帝劉徹在位時期，大力推動改革，國力達到鼎盛。他採納董仲舒的建議，罷黜百家，獨尊儒術，並設置五經博士，成立太學；此外統一貨幣，發行五銖錢。漢武帝積極開疆拓土，派衛青、霍去病征伐匈奴，同時派張騫出使西域，加強對西域的統治。然而漢武帝晚年卻因迷信和苛政，種下了漢朝國運走向衰弱之因。

## 張騫

📅 公元前130？～前87？

💬 劉細君，江都王劉建的女兒，為史上所載第一位和親公主。元封六年，漢武帝封細君為公主，下嫁烏孫國王昆莫獵驕靡。細君公主到達烏孫後，被封為右夫人。獵驕靡去世後，漢武帝要求細君公主按照烏孫習俗改嫁其孫岑陬軍須靡。一年後，細君公主病逝烏孫，留下著名的《悲愁歌》。

## 烏孫公主

## 軍臣單于

📅 公元前161～前126在位

💬 匈奴冒頓單于之孫。漢文帝時，軍臣單于起兵大舉南下；漢景帝時，則以和親政策與匈奴換取和平。到了漢武帝，因為發生「馬邑之圍」事件，從此漢匈關係破裂。張騫第一次出使西域時，被軍臣單于扣留，直到公元前126年軍臣單于死後，匈奴內亂，才返回長安。

## 甘父

📅 不詳

💬 匈奴人，約於文帝、景帝時被漢軍俘獲，賜給貴戚堂邑侯陳午為奴隸。漢武帝時隨張騫出使西域，作為嚮導及翻譯。甘父驍勇善射，出使期間，每逢斷糧之時，全靠他射狐兔充飢。

## 李廣

📅 ?～前119

💬 漢代名將，箭法精準，人稱「飛將軍」。漢景帝時曾與周亞夫一起平定七國之亂，立過大功，並長期駐守邊境，抵禦匈奴的入侵，戰功顯赫。漢武帝在馬邑埋伏重兵意圖圍殲匈奴時，李廣擔任驍騎將軍，但因軍臣單于生疑退兵而失敗。李廣雖然名氣極大，但終其一生未能封侯，最後在漠北戰役中，因受辱於衛青，憤而自殺。

# 這本書的歷史背景
## Timeline

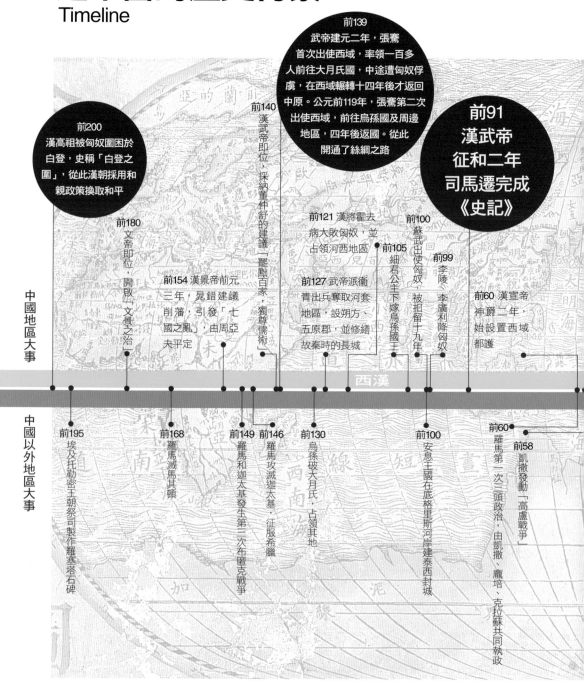

**前139**
武帝建元二年，張騫首次出使西域，率領一百多人前往大月氏國，中途遭匈奴俘虜，在西域輾轉十四年後才返回中原。公元前119年，張騫第二次出使西域，前往烏孫國及周邊地區，四年後返國。從此開通了絲綢之路

**前140**
漢武帝即位，採納董仲舒的建議「罷黜百家，獨尊儒術」

**前200**
漢高祖被匈奴圍困於白登，史稱「白登之圍」，從此漢朝採用和親政策換取和平

**前91**
漢武帝征和二年司馬遷完成《史記》

**前180**
文帝即位，開啟「文景之治」

**前154** 漢景帝前元三年，晁錯建議削藩，引發「七國之亂」，由周亞夫平定

**前121** 漢將霍去病大敗匈奴，並占領河西地區

**前127** 武帝派衛青出兵奪取河套地區，設朔方、五原郡，並修繕故秦時的長城

**前105** 細君公主下嫁烏孫國王

**前100** 蘇武出使匈奴被扣留十九年

**前99** 李陵、李廣利降匈奴

**前60** 漢宣帝神爵二年，始設置西域都護

中國地區大事

**西漢**

中國以外地區大事

**前195** 埃及托勒密王朝祭司製作羅塞塔石碑

**前168** 羅馬滅馬其頓

**前149** 羅馬和迦太基發生第三次布匿克戰爭

**前146** 羅馬攻滅迦太基，征服希臘

**前130** 烏孫破大月氏，占領其地

**前100** 安息王國在底格里斯河岸建泰西封城

**前60** 羅馬第一次三頭政治，由凱撒、龐培、克拉蘇共同執政

**前58** 凱撒發動「高盧戰爭」

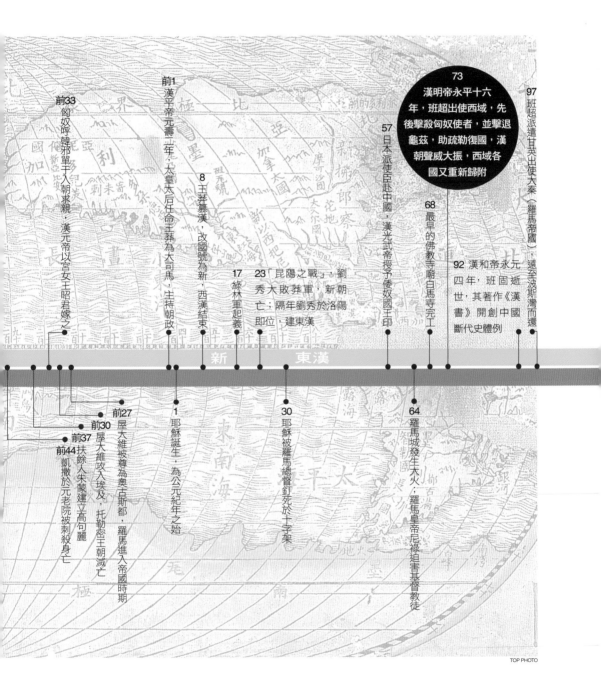

前33 匈奴呼韓邪單于入朝求親，漢元帝以宮女王昭君嫁之

前1 漢平帝元壽二年，太皇太后任命王莽為大司馬，主持朝政

8 王莽篡漢，改國號為新，西漢結束

17 綠林軍起義

23 「昆陽之戰」，劉秀大敗莽軍，新朝亡；隔年劉秀於洛陽即位，建東漢

57 日本派使臣赴中國，漢光武帝授予倭奴國王印

68 最早的佛教寺廟白馬寺完工

73 漢明帝永平十六年，班超出使西域，先後擊殺匈奴使者，並擊退龜茲，助疏勒復國，漢朝聲威大振，西域各國又重新歸附

92 漢和帝永元四年，班固逝世，其著作《漢書》開創中國斷代史體例

97 班超派遣甘英出使大秦（羅馬帝國），遠至波斯灣而還

新　東漢

前44 凱撒於元老院被刺殺身亡

前37 扶餘人朱蒙建立高句麗

前30 屋大維攻入埃及，托勒密王朝滅亡

前27 屋大維被尊為奧古斯都，羅馬進入帝國時期

1 耶穌誕生，為公元紀年之始

30 耶穌被羅馬總督釘死於十字架

64 羅馬城發生大火；羅馬皇帝尼祿迫害基督教徒

# 這位作者的事情
## About the Author

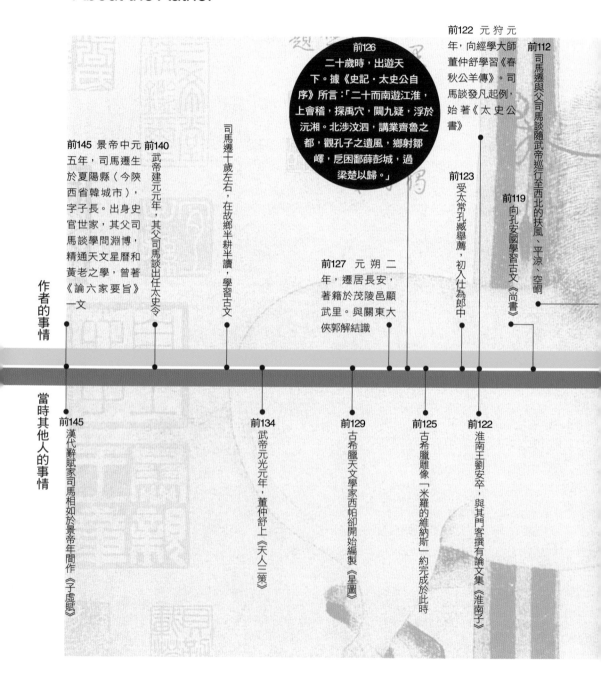

**前126**
二十歲時，出遊天下。據《史記·太史公自序》所言：「二十而南遊江淮，上會稽，探禹穴，闚九疑，浮於沅湘。北涉汶泗，講業齊魯之都，觀孔子之遺風，鄉射鄒嶧，戹困鄱薛彭城，過梁楚以歸。」

**前122** 元狩元年，向經學大師董仲舒學習《春秋公羊傳》。司馬談發凡起例，始著《太史公書》

**前112** 司馬遷與父司馬談隨武帝巡行至西北的扶風、平涼、空峒

**前145** 景帝中元五年，司馬遷生於夏陽縣（今陝西省韓城市），字子長。出身史官世家，其父司馬談學問淵博，精通天文星曆和黃老之學，曾著《論六家要旨》一文

**前140** 武帝建元元年，其父司馬談出任太史令

司馬遷十歲左右，在故鄉半耕半讀，學習古文

**前123** 受太常孔臧舉薦，初入仕為郎中

**前119** 向孔安國學習古文《尚書》

**前127** 元朔二年，遷居長安，著籍於茂陵邑顯武里。與關東大俠郭解結識

**作者的事情**

**當時其他人的事情**

**前145** 漢代辭賦家司馬相如於景帝年間作《子虛賦》

**前134** 武帝元光元年，董仲舒上《天人三策》

**前129** 古希臘天文學家西帕卻開始編製《星圖》

**前125** 古希臘雕像「米羅的維納斯」約完成於此時

**前122** 淮南王劉安卒，與其門客撰有論文集《淮南子》

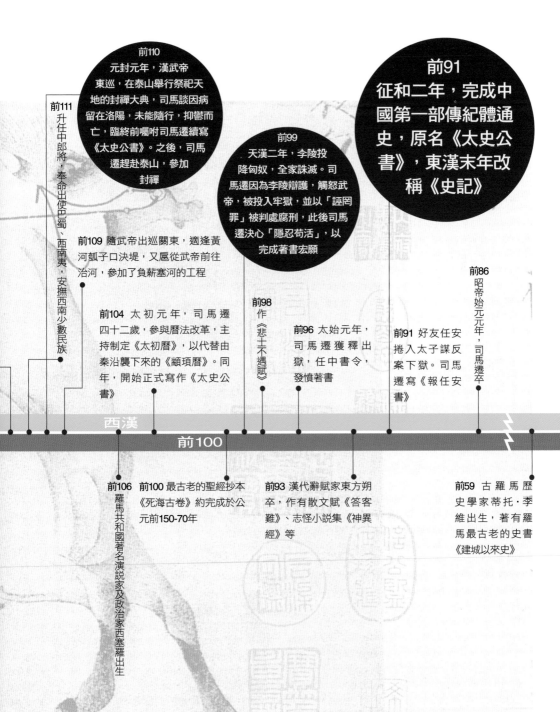

前110
元封元年，漢武帝東巡，在泰山舉行祭祀天地的封禪大典，司馬談因病留在洛陽，未能隨行，抑鬱而亡，臨終前囑咐司馬遷續寫《太史公書》。之後，司馬遷趕赴泰山，參加封禪

前91
征和二年，完成中國第一部傳紀體通史，原名《太史公書》，東漢末年改稱《史記》

前99
天漢二年，李陵投降匈奴，全家誅滅。司馬遷因為李陵辯護，觸怒武帝，被投入牢獄，並以「誣罔罪」被判處腐刑，此後司馬遷決心「隱忍苟活」，以完成著書宏願

前111
升任中郎將，奉命出使巴蜀、西南夷，安撫西南少數民族

前109 隨武帝出巡關東，適逢黃河瓠子口決堤，又扈從武帝前往治河，參加了負薪塞河的工程

前104 太初元年，司馬遷四十二歲，參與曆法改革，主持制定《太初曆》，以代替由秦沿襲下來的《顓頊曆》。同年，開始正式寫作《太史公書》

前98
作《悲士不遇賦》

前96 太始元年，司馬遷獲釋出獄，任中書令，發憤著書

前86
昭帝始元元年，司馬遷卒

前91 好友任安捲入太子謀反案下獄。司馬遷寫《報任安書》

西漢

前100

前106
羅馬共和國著名演說家及政治家西塞羅出生

前100 最古老的聖經抄本《死海古卷》約完成於公元前150-70年

前93 漢代辭賦家東方朔卒，作有散文賦《答客難》、志怪小說集《神異經》等

前59 古羅馬歷史學家蒂托·李維出生，著有羅馬最古老的史書《建城以來史》

TOP PHOTO

9

# 這本書要你去旅行的地方
## Travel Guide

### 包頭

TOP PHOTO

●秦直道

秦直道的記載，最早見於《史記·蒙恬列傳》：「始皇欲遊天下……乃使蒙恬通道，自九原抵甘泉，塹山堙谷，千八百里，道未就。」司馬遷在巡遊北方後，便是沿秦直道回到長安。

### 韓城

●司馬遷祠墓

位於陝西韓城南郊，黃河西岸的梁山東麓，屹立於懸崖峭壁之上，氣勢雄偉壯觀。司馬遷祠始建於西晉，千餘年來屢經增修。

TOP PHOTO

### 貴州

●可樂遺址

位於貴州省赫章縣，為古夜郎國遺址。司馬遷曾出使西南夷，負責西南設郡的任務，而有關夜郎國的歷史，最早出現在《史記·西南夷志》：「西南夷君長以什數，夜郎最大。」

●夜郎洞

位於貴州省安順市，據說曾是夜郎國王消暑的行宮。夜郎洞是世界上喀斯特地貌最集中的溶洞群景區，水旱洞景致各具特色。

TOP PHOTO

### 西安

●漢長安城遺址

位於西安城西北。漢長安城的城牆為板築土牆，共有十二個城門。城內分為九個市區，街道寬闊平整，規劃整齊。長樂宮、未央宮、建章宮是漢長安城最著名的三大宮殿群。

●漢陽陵博物館

位於西安以北的咸陽原東端，是西漢景帝與皇后合葬的陵園，也是迄今發現保存最為完整的漢代帝陵陵園。內有大量彩繪裸體陶俑及珍貴古物，現已建成漢陽陵博物館。

## 泰山

● 位於山東省中部，傳說上古時代的君王曾來此會諸侯、定大位。秦始皇統一中國後，封禪泰山，歷代君主也都曾來此舉行封禪大典，留下了大量石刻與建築古蹟。司馬遷曾多次隨行武帝登泰山，撰有《封禪書》。

● 岱廟
位於泰山南麓，創建於漢代，是歷代帝王舉行封禪大典和祭拜泰山神的地方。岱廟主殿天貺殿始建於北宋，殿內牆上繪有巨幅壁畫《泰山神啟蹕回鑾圖》。

## 會稽山

● 會稽山
位於浙江省紹興市南部，原名茅山，是中國歷代帝王加封祭祀的名山之一。春秋戰國時期，越王句踐曾被吳軍圍困於會稽山，《史記·越王句踐世家》中記錄了句踐復國的故事。

● 大禹陵
相傳夏禹曾在會稽山召諸侯同商治國之策，死後也葬於此。大禹陵古稱禹穴，為大禹之葬地。司馬遷曾「上會稽，探禹穴」。

## 九嶷山

● 據《史記》載：「舜……南巡狩，崩於蒼梧之野，葬於江南九疑。」司馬遷曾親自考證「舜葬九嶷」之事。九嶷山上有秦代舜廟遺址，現在的舜廟則是明代所建，位於舜源峰北麓。

● 曲阜

kanegen 攝影

● 孔廟
曲阜市古稱魯縣，是魯國國都，也是孔子的故鄉。孔廟原為孔子故宅，魯哀公十七年改建為廟，是中國淵源最古、歷史最長的一組建築物。司馬遷曾東遊至此，「觀孔子遺風」。

## 長沙

TOP PHOTO

● 長沙汨羅江
汨羅江中下一帶是屈原晚年居住、寫作、以身殉國、安葬的地方，後人建有屈子祠等以為紀念。司馬遷曾南遊到長沙汨羅江，察訪屈原投江處，寫《史記·屈原列傳》。

● 馬王堆漢墓
位於湖南省長沙市東郊，為西漢利蒼家族的三座墓葬。內有一具保存完好的女屍，和眾多漆器、帛書畫等殉葬品，極具歷史價值，今收藏於馬王堆漢墓陳列館。

TOP PHOTO

# 目錄 從此葡萄入漢家 史記‧大宛列傳
## Contents

封面繪圖：李曼吟

儘管張騫依然沒有完成他的軍事使命，但「鑿空」即通西域的目的完全達到，張騫返回時帶一批西域各國的使者。他派副使分別到了康居、大月氏、大夏、安息、身毒，還有今天新疆南部的于闐等地。由於副手們收集的資料都向他匯報，所以張騫對西域有了相當全面的了解，很多知識是以往漢人從未知曉的。

中西歷史與文化的萬象

烏孫使既見漢人眾富厚，歸報其國，其國乃益重漢。其後歲餘，騫所遣使通大夏之屬者皆頗與其人俱來，於是西北國始通於漢矣。然張騫鑿空，其後使往者皆稱博望侯，以為質於外國，外國由此信之。

# 1.0

# 導讀

張劍雄

很多歷史書把張騫列為探險家，但是《史記》中並沒有他的傳記，只有《大宛列傳》，到了班固作《漢書》，才專門為張騫列傳。那麼到底張騫通西域是怎麼回事？為什麼像張騫這樣的人物在中國古代還是屈指可數的？張騫對歷史究竟有什麼貢獻？我想通過讀《史記·大宛列傳》，大家肯定會有新的體會。

### 古代中國的天下觀

對張騫這個人，以及他通西域這件事，我們應該放在歷史的大環境中來看。因為古代中國人對天下的認識有他們獨特的觀念，張騫是在這樣的背景下去通西域的。今天我們一般講的是世界觀，指我們對世界的概念，但是中國古代只有天下的概念，沒有世界的概念，連「世界」這兩個字都是佛教傳入中國以後，人們翻譯佛經時才用的。佛的教義將一切分成界，其中有一個界就叫做世界。而中國古人講天的下面一切都是天下，除了天，沒有什麼能超出這個範圍。古人的概念是天圓地方，認為天是圓的。因為誰也沒有看到過天有邊，或者有什麼接縫，既然如此，天當然只能是圓的。但是地為什麼是方的？因為古人很早就有方向的感覺，東南西北，既然有東南西北，而且還有幾個角，東南、西南、東北、西北，所以地應該是方的，否則一個方向怎麼會變成另一個方向呢？今天北京一些古建築就是根據這個概念建的，比如說天壇裏面的建築，像祈年殿、圓丘等，因為象徵天，所以都是圓形的。而地壇象徵地，所以是方的。地到了邊緣是什麼呢？我們知道黃河下游的人早就知道地的外面是海，那海的外面是什麼呢？當時還不知道，因為除了較近的島嶼外，看來是無邊無際的，所以就認為海就是邊了。

TOP PHOTO

（上圖）張騫像。

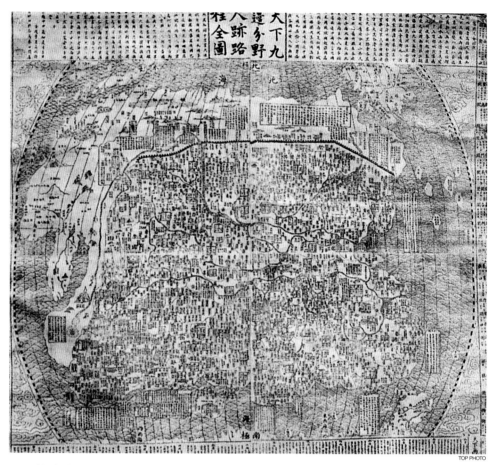

　　既然地的四個方向外面都是海，就有了「四海」。東面的海古人很熟悉，南面的海慢慢也熟悉了，廣東、廣西和海南島外面的海被稱為南海。蘇東坡到了海南島的最南端，他以為再往外就只有海了，所以稱為天涯海角。蘇武被匈奴流放到蒙古高原以北的一個大湖邊去牧羊，他認為這就是北海（今貝加爾湖）。西漢人知道了青海，也稱之為西海。以後發現西邊還有海，如東漢時的甘英到了波斯灣，也稱之為西海。所以古人講「四海之內」的意思和天下的意思差不多。

　　既然四海之內的範圍那麼廣，內部總得有個區劃，所以到了戰國的時候就產生一個九州的概念，即天下應該分為九個州。為了使九州的概念有充分的理由，儒家的經典《尚書·

（上圖）明《天下九邊分野人跡路程全圖》。

《天下九邊分野人跡路程全圖》約繪於明代中末期，是明朝民間出版的世界地圖。全圖以中國為中心，詳細刻劃北京、南京與十三省的形勢，周邊國家則以圖文結合的方式表現歐洲、亞洲、非洲及美洲大陸。即使比例有所失真，但具有古地圖研究方面的重要價值。

15

《史記》是漢武帝時代，太史令司馬遷所著的紀傳體通史類著作，初名《太史公書》。此書是對漢代士人所知歷史的全面總結，記載了上迄傳說中的黃帝，下至漢武帝的三千年歷史。全書共一百三十篇，包括十二本紀、十表、八書、三十世家、七十列傳，規模宏大，體制完備，其以人物為核心的敘史方式，及以本紀、列傳為主，書、表相輔的編纂方法，對後世正史的編修產生了巨大影響，亦是研究漢武帝以前歷史的重要典籍。生動的敘事方式及流暢的筆法，又使該書在中國文學史上享有較高的地位。魯迅曾讚譽《史記》為「史家之絕唱，無韻之離騷」。

TOP PHOTO

（上圖）北京古觀象台。北京古觀象台根據漢代張儀的渾天儀，以及後代的簡儀、圭表、渾象等觀測儀器而作。
（右圖）宋代天文圖碑，現存於蘇州文廟。天文圖碑刻於南宋紹熙元年（1190年），上為星圖，下刻釋文，記載了一千四百四十顆星，證實宋代天文科技的發達。

禹貢》裏就說，大禹治水以後為了便於管理，就把天下劃分為九州。還有人提出來九州的範圍之內稱為赤縣神州，並且提出一個更大的概念。

中原人特別是華夏諸族，認為自己所在的地方就是天下的中心，統治這個天下中心的王——天子，應該就是天下的主人。《詩經》裏就有這樣的說法：「溥（普）天之下，莫非王土」。王在哪裏？就在當時的王畿——京城，這就產生了以中原諸夏的君主為中心的概念。

於是就產生了一個新的問題，既然天下都屬王土，為什麼王統治的範圍要限於九州呢？因此又產生了一個新的概念——「夷夏之辨」。諸夏或華夏諸族生活在九州之內，有些州的範圍內也有夷人，但還是以諸夏（華夏）為主。九州以外就都是夷或蠻了，在南面的稱為「南蠻」，東面的稱為「東夷」，西面的叫「西戎」，北面的叫「北狄」，包括我們今天稱之為少數民族的先民。蠻夷和諸夏這個概念是不可以混淆的，這就是夷夏之辨。所以儘管知道九州以外還有很多地方，但這些地方都是蠻夷，不值得去統治，或者那裏的人不配接受華夏君主的統治，除非他們接受教化，文明程度提高到與華夏同樣的程度。一方面認為這個天下很大，只要是四海之間都是。另一方面又自己局限在諸夏，孔子講的「四海之內皆兄弟」，其實是有局限性的，這個兄弟是不包括蠻夷的。

## 大九州說、渾天說和五服

有沒有人想突破這個概念？有的，《史記·孟子荀卿列傳》記載了齊國人鄒衍的觀點：「以為儒者所謂中國者，於天下乃八十一分居其一分耳。中國名曰赤縣神州。赤縣神州內自有九州，禹之序九州是也，不得為州數。中國外如赤縣神州者九，乃所謂九州也。於是有裨海環之，人民禽獸莫能相通者，如一區中者，乃為一州。如此者九，乃有大瀛海環其外，天地之際焉。」按照他的說法，儒家所謂的中國其實不

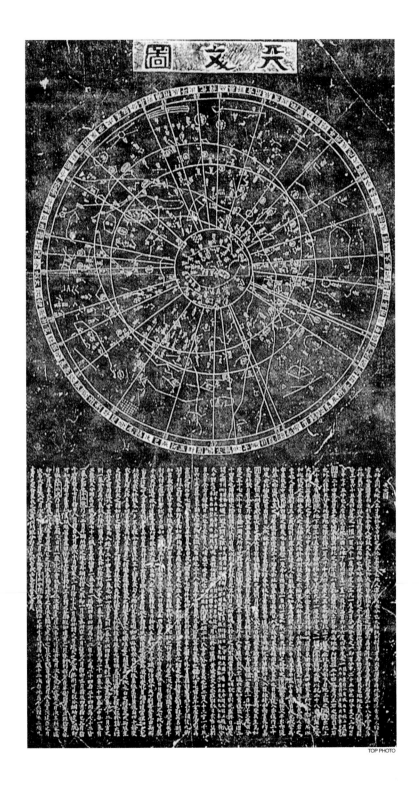

17

**《漢書》** 是後漢蘭台令史班固在其父班彪《史記後傳》基礎上編修而成的紀傳體斷代史書，記錄了前漢一代兩百餘年的歷史，是中國第一部斷代官修正史。全書共一百篇，包括十二紀、八表、十志、七十列傳，後人析為一百二十卷。書中存留有豐富的前漢史料，所記武帝中期以前的歷史，雖多移自《史記》，但卻有所增補，特別是該書保留了大量前漢政府的行政公文，這些原始檔案歷來為研究漢史者所重視。《漢書》對後世官修正史影響極大，歷代官修正史都沿用了《漢書》的體例和編修結構。

（右圖）伏羲女媧交尾圖。古時傳說伏羲女媧為天地之父母。女媧持「規」，創天地並煉石補天；伏羲持「矩」，畫八卦，解萬物之情。

過是天下的八十一分之一，中國可以稱為「赤縣神州」，赤縣神州內分有九州，這就是大禹劃定的「九州」，但這不算真正的州，因為中國外面像這樣的州還有九個，這是大的九州。九州外面由遼闊的海洋包圍起來，各州的人和動物都沒有辦法互相來往。這樣一個區是一個大的州，而這樣的州又有九個，在它們的外面有更寬闊的海洋包圍著，這才到了天地的邊界。

現在人們的地理知識已經證明，並不存在這樣大的九州。但是我們想想，當時鄒衍並沒有離開齊魯這一帶，他並不是旅行家，卻完全根據自己的想像和邏輯推理，提出這麼一個大九州的學說。而事實上，他的大九州學說還比較符合今天世界的實際。儘管世界上是七大洲而不是九州，每個洲也不像他想的那樣都一樣大小，至少他已經認識到天下絕不只是當時人知道的所謂九州，大得很，大到不能想像，因為他講中國只不過天下的八十一分之一，那麼八十一分之一的九分之一又能有多少呢！如果我們了解西方的地理學史就可以知道，早期的地理學家的地理觀和對世界的了解，同樣是通過想像，通過邏輯推理，而不是實證。

從這點上，中國人的地理觀念並不比西方落後，可惜鄒衍這樣的話長期被人們認為奇談怪論，以後非但沒有人去進一步求證，反而越來越故步自封。這倒不是因為以後的學者都不行，而是中國缺乏向外探索的需要。

東漢的張衡提出了一個更大範圍也是更大膽的學說──「渾天説」：「渾天如雞子，天體圓如彈丸，地如雞中黃，孤居於內。天大而地小，天表裏有水。天之包地，猶殼之裹黃。天地各乘氣而立，載水而浮。」認為整個天地的結構就像個雞蛋，天體就像一個圓形球體，地就是蛋黃。天大地小，天把地包起來，就像蛋殼包住蛋黃一樣。天為什麼能夠將地包起來，而不會相互接觸呢？是因為有水和氣支撐著。這更接近地球的現實，因為張衡是天文學家，他有豐富的天文知識，

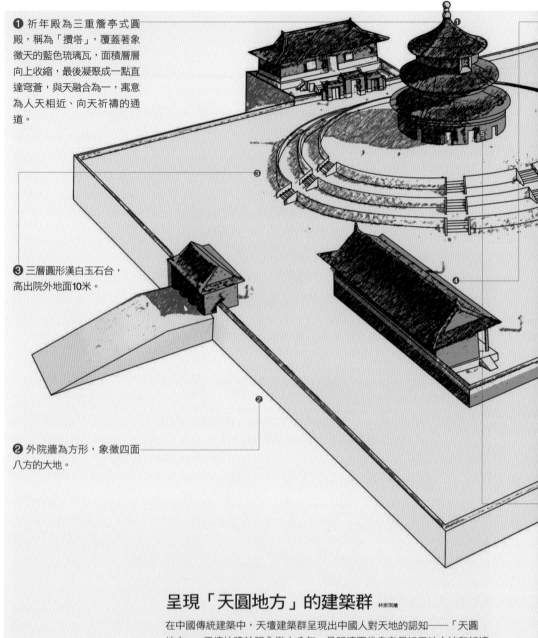

❶ 祈年殿為三重簷亭式圓殿，稱為「攢塔」，覆蓋著象徵天的藍色琉璃瓦，面積層層向上收縮，最後凝聚成一點直達穹蒼，與天融合為一，寓意為人天相近、向天祈禱的通道。

❸ 三層圓形漢白玉石台，高出院外地面10米。

❷ 外院牆為方形，象徵四面八方的大地。

## 呈現「天圓地方」的建築群 林家琪繪

在中國傳統建築中，天壇建築群呈現出中國人對天地的認知──「天圓地方」。天壇始建於明永樂十八年，是明清兩代皇帝祭祀天地之神和祈禱五穀豐收的地方。天壇建築群中，大量使用了圓和方的形象。祈年殿是建築群中最大也是最重要的圓形建築物，位於主軸線的最北端，直徑為32.72米，總高38米。祈年殿初建時是一座長方形大殿，明嘉靖時實行天地分祭，始把祈年殿改建為圓形，專作祈豐年之用。

祈年殿的建築設計，展示了古人對天文的知識，以及對宇宙觀的寓意。

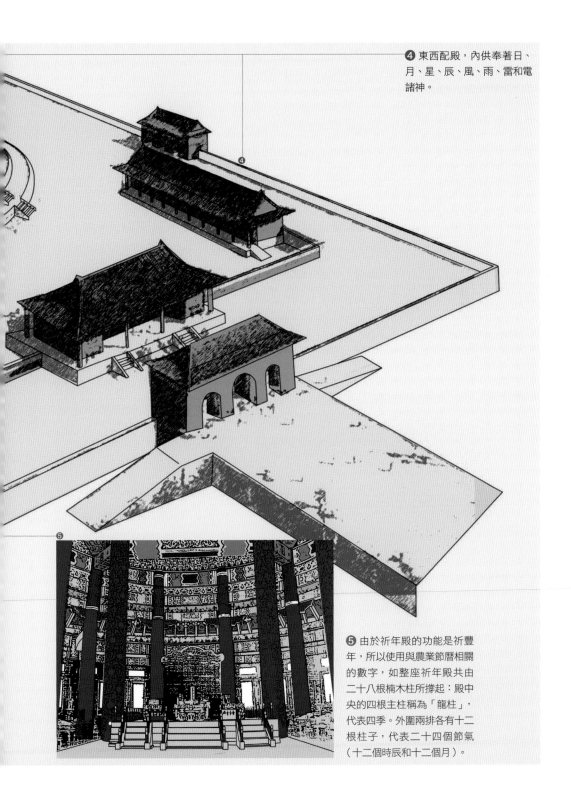

❹ 東西配殿，內供奉著日、
月、星、辰、風、雨、雷和電
諸神。

❺ 由於祈年殿的功能是祈豐
年，所以使用與農業節曆相關
的數字，如整座祈年殿共由
二十八根楠木柱所撐起：殿中
央的四根主柱稱為「龍柱」，
代表四季。外圍兩排各有十二
根柱子，代表二十四個節氣
（十二個時辰和十二個月）。

通過天文觀測形成這樣一個觀念。很可惜張衡這樣的觀念以後並沒有得到發展，因為張衡的渾天說與鄒衍的大九州說，對以農立國的中國來說並沒有什麼關係，與在黃河流域這樣的地理環境下形成的地理觀念也是矛盾的。在黃土高原和黃土沖積平原有充足的土地並適應較原始的生產方式的前提下，中國從一開始就缺少了解外界更多的地理知識，進而向外尋求土地和資源的動力。

儒家還提出了「五服」的行政模式，即以王畿（京城）為中心，由內向外，每五百里劃為一個正方形區域，分別稱為甸服、侯服、綏服、要服和荒服。為什麼要劃成方的呢？因為地本身是方的。最裏面的一層叫做「甸服」，是國王直接統治的地方。第二個五百里叫做「侯服」，分封給諸侯治理的。第三個五百里叫做「綏服」，即需要加以綏撫懷柔的地方。第四層稱為「要服」，要透過華夏的文化影響那裏的人。最外的五百里一層稱為「荒服」，顧名思義已是蠻荒地帶，對那裏的人只能聽其自然了。

從行政管理的角度看，這樣的模式是有積極意義的。比如在第一個五百里內又每一百里分為一個區域，實行不同的賦役政策。如離王畿最近的一百里內的貢賦要連莊稼秸桿一起交，因為運輸比較方便；二百里之內只要交穀重穗，已經考慮到運輸距離的延長；三百里之內還得服勞役；四百里之內交粗加工的糧食，五百里之內交精加工的糧食，顯然是考慮到了運輸距離的遠近。可以想像在完全沒有機器的情況下，運輸是非常困難的，才會成為主要的考量因素。所以當時實行分封制，國君不進行直接統治，各地的諸侯按一定的規格和數量向國君納貢，比較遠的地方只要象徵性地交些土產，更遠的地方連這些也不必交，國君也管不了。但是這樣的劃分毫無現實意義，也反映了當時人不重視遠地的地理狀況。甚至儒家學者也表示懷疑，說天下哪能找出這麼正方的地方。宋朝學者指出，如果堯舜時期的京城設在今天山西平陽

（上圖）《山海經》。

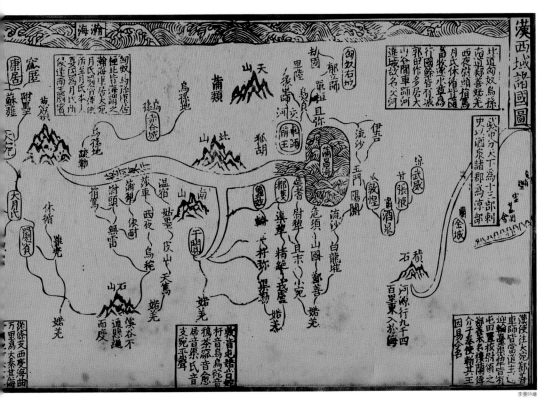

一帶，那麼往北一千多里就是沙漠，怎麼去統治呢？但是往南兩千五百里還有土地，難道就不需要了？所以這只是一個理想的方案，實際上從來沒有實施過。

### 古書所描述「天下」的範圍

因此在張騫以前，一方面當時的天下實際上並沒有包括全部「天下」，另一方面儘管統治者聲稱「普天之下莫非王土」，卻不願意統治華夏諸族以外的地方。那麼在司馬遷寫《史記》以前，有沒有人想了解天下的實際情況，有沒有人想突破華夏的範圍呢？還是有的。我們不妨看看《山海經》，這部書內容很龐雜，但是其中的《山經》倒是比較平實的內容，裏面講的基本上是地理。這個地理範圍有多大呢？根據先師季龍（譚其驤）先生的研究，大概都沒有超出中國今天的範圍，基本上沒有包括東北，也沒有包括新疆、

（上圖）仿南宋《漢西域諸國圖》。

此圖繪的是漢代西域諸國的分布，於圖中可清晰看見莎車、大月氏、匈奴、于闐等國，一旁並有文字註解。

《穆天子傳》是西晉汲郡（今河南省）戰國墓葬出土先秦古書之一，因其記錄周穆王西遊之事，被晉人定名為《穆天子傳》，是現存最早的遊記體文獻。《穆天子傳》傳本共六卷，前五卷記周穆王西遊崑崙山會見西王母的故事，按日月編寫行程，又載有具體地名和所行里數，涉及今河北、山西、蒙古、寧夏、甘肅、青海、新疆等地，這些記載被認為保留了先秦中西交通的地理信息。第六卷記周王美人盛姬之死及其喪儀。大致為戰國時代趙國人所作，可能與趙武靈王胡服騎射、擴大對外交往的歷史背景有關，對於研究中國早期的中西交通具有一定參考價值。

（上圖）出土於夏商時期古墓的中國古玉。在文字記載之前，中國已與青海等地進行玉的商貿，證實早期的商業貿易範圍不單限於華夏地區。

西藏。也有人認為已經包括北美洲，甚至包括墨西哥及其以南。當然學術上可以有不同意見，但是現在還沒有看到有充分的證據。總之，在《山海經》這樣將現實和神話、想像相結合的書裏面，也沒有超出我們現在所知道的中國的範圍。

據說西晉時在古墓裏面挖出了一批文書，其中有一部《穆天子傳》，這部書也是現實和神話相結合的。如果撇開這些神話傳說，只是講具體地理的話，那麼此書的主角周穆王的行蹤也沒有超出今天北方的範圍，基本上是在黃河往西，至多包括了青海一帶，多數人認為還不到那裏，只到甘肅。《穆天子傳》中有西王母的記載，關於西王母的傳說現在有的人說來自印度，還有人說是在青海湖一帶產生的，但是不管怎麼樣，這個傳說在秦漢以前相當有吸引力。為什麼會有這個傳說？我們知道在有文字記載以前，早就有人類從西向東的交通路線，比較明確的例子是玉。在西王母的傳說中都講到崑崙，或者說崑崙是她住的地方，而那裏是產玉的。這些年來在一些考古發掘中發現一些三、四千年的文化遺址裏都有和闐玉，因為不同地方產的玉是鑑別得出來的，這一點毫無疑義。這些遺址和墓葬的範圍包括黃河流域甚至長江流域，也就是說，當時從崑崙山採的玉通過直接或者間接的路線流傳到中國的東部。西王母傳說起源於印度也好，起源於青海也好，都是在華夏聚居區的西面。人們看到這麼好的玉，就會對玉的產地有興趣，認為一定是一個美麗神聖的地方，有關這個地方的傳說自然容易流傳，並且會越來越豐富，越來越有吸引力。開始說西王母的形象很凶，半人半獸，後來變成了慈祥的老婦人，崑崙山也成了仙人居住的輝煌宮殿。

到了戰國的後期，《尚書》中的《禹貢》就提出了九州。九州的概念到底有多大？根據學術界多數人能接受的研究成果，其範圍並不很大，北面最多到大青山燕山山脈和遼河下游，南面也不過到了兩廣，西面到甘肅，大概就是

這個範圍。其實，春秋戰國時期的人還是非常願意往外擴張，了解外部的情況，只是沒有條件。當時的諸侯國一般不大，大都不及今天一個省，只是到了戰國後期才越併越大。諸侯除了去京城朝見或與其他諸侯會盟外，平時不能隨便離開自己的封地，足跡自然有限。一般士人也是如此。比如說孔子，他曾周遊列國，但不出中原範圍。他有句名言「登泰山而小天下」，如果孔子知道泰山之外還有其他更高的山，那麼他就不講這句話了。

## 帝王展開長生之旅

秦始皇滅六國建立秦朝，第一次真正有了統一的「天下」，加上他雄心勃勃要幹一番前無古人的大事，後來又想長生不老，所以一次次到各地巡遊。根據現存的文獻記載，中國歷史上第一位帝王旅行家應該是秦始皇，而不是周穆王。秦始皇的遊蹤

（上圖）漢馬王堆出土T字帛畫。帛畫分為上中下三個區塊，代表了天界、人間與地界，是漢代生死觀的具體呈現。

25

**西王母** 是中國神話傳說中的人物，也是道教和民間信仰的重要神靈。西王母的傳說可追溯至殷卜辭中「西母」二字，在西周青銅器上也曾出現「王母」字樣。在《山海經》中，西王母被描繪為居住在玉山（崑崙山），豹尾虎齒、蓬髮戴勝的怪物。《穆天子傳》中的西王母則是一個雍容平和、能唱歌謠、熟諳世情的婦女，在瑤池與巡遊至此的周穆王宴飲交會。在西王母的傳說中，不死藥是一個重要內容，由於西王母的巨大影響力，使得道教產生後，立即將其拉入自己的神仙譜系，成為元始天王之女。在後世的民間傳說，特別是明清小說中，西王母被稱作「王母娘娘」，與玉皇大帝是夫妻，居住在瑤池。

TOP PHOTO

（上圖）徐福求仙入海處石刻，位於今遼寧綏中縣。古代帝王對於永生有嚮往，徐福求仙之行也是利用秦始皇此種心理。

（右圖）明《緙絲瑤池集慶圖》。
西王母的形象從《山海經》的虎頭豹尾，逐漸演變成居住在瑤池的慈祥婦人。

很具體，根據《史記》記載，他從首都咸陽出發，往西到了隴西，東面到了渤海，還有今山東煙台一帶、膠南一帶，南面到了湖南的衡山，又渡長江北上，從河南南陽經武關回咸陽。以後往北到了內蒙古，然後再回陝西，之後到了湖北的雲夢，又到了湖南的九嶷山，再往東北，沿長江而下，又在浙江渡錢塘江，經今紹興、蘇州，然後沿海北上到琅邪（今山東膠南一帶），沿渤海灣往西，最後在途中發病，死於平原津的沙丘（今山東平原縣境）。

一位帝王要到處巡遊其實有很苛刻的條件。首先要統治穩定，不穩定離開京城行嗎？所以很多帝王都不敢離開京城，想走也走不了。即使秦始皇這樣厲害的君主，一旦死在京城以外，還有人竄改他的遺詔。其次要有強大的國力，每次巡遊都需要動用大批人力，還要耗費巨大的物力。例如為了保證皇帝的車隊順利行駛，要專門修築馳道，即使是原來通用的大道也得加以整治。沿途還要徵用大批兵士、民夫用於道路橋梁的維護和安全警戒。他要渡長江、湘江、錢塘江，在海上航行，要造大船。所以每次巡遊下來，國庫總要空一些。皇帝自己的身體要強健，精力要充沛，否則是受不了旅行的折騰的。

秦始皇最後還死在路上，與他在長途巡遊過程中勞頓不無關係。要知道，古代再豪華的交通工具都遠不如現在的舒適。比如明朝的首輔張居正的轎子最稱寬大豪華，裏面不僅可以坐臥便溺，還有僕人侍候。但畢竟是人抬的轎子，速度是很慢的。秦始皇巡遊的目的是什麼？他是因為剛剛統一天下，所以要到六國舊地去巡遊，這是政治目的。但是為什麼老是往山東、渤海跑呢？他想要見神仙，要想取得長生不老藥。這裏就透露出來一些統治者要離開自己的統治中心，甚至要進入異域，不是為了開疆拓土，而是為了追求另一個世界，為了追求長生不老，為了跟神仙對話。

在秦始皇之後，另一個與他類似的就是漢武帝，兩人的

《禹貢》為先秦文獻典籍《尚書》中的一篇，大約成書於戰國時代，是中國最古老的地理學著作之一。全篇一千一百八十九字，以夏禹治水傳說為背景，採用自然分區的方法，把全國分為九州，並假託「九州」為夏禹治水後的政區制度。通篇分別敘述九州的山嶺、河流、湖澤、土壤、物產、貢賦、交通等地理信息，所記內容平實可信，很有可能得自實地考察，應當與戰國時代中原士人地理知識的擴展有關，具有較高的科學價值。全篇對黃河流域記載較詳，對長江、淮河流域的記述相對粗略，這一現象與中國先秦時代經濟、政治、文化偏重於黃河流域有關。《禹貢》結構嚴密，體系完整，條理清晰，對中國後世地理類著作的撰寫有較大影響。

TOP PHOTO

（上圖）周穆王乘八駿馬巡遊圖。《列子》周穆王篇記載：「穆王不恤國是，不樂臣妾，肆意遠遊，命駕八駿之乘。」周穆王也是歷史上愛好旅遊的帝王。

行為簡直如出一轍。劉邦建立漢朝的時候，朝廷真正直接統治的地方不到三分之一，到了武帝時中央集權加強，財力充沛了。漢武帝好大喜功，一方面要擊敗匈奴，開疆拓土，另一方面與秦始皇一樣企圖長生不老，要找仙人。所以他整個遊蹤裏面，往西到空桐山，中間還包括西河（今寧夏、隴東

一帶）、山西和河南，往北到達了河套地區。往東到泰山，
然後又到了遼西，從遼西折回後，沿北面邊疆到河套地區。
漢武帝的大規模巡遊有他的政治目的和軍事目的，到北部邊
疆就是為了對付匈奴，往國內其他地方是為了顯示皇帝的權
威。但是他更喜歡登泰山，遊渤海，去渤海就是希望看到傳

（上圖）宋 趙伯駒《漢高祖入
關圖》。
劉邦建立漢朝時，朝廷直接控
管地方的範圍並不大，但隨著
漢武帝實施中央集權，疆域擴
展，漢代對外的地理知識也漸
趨廣泛。

（上圖）司馬遷為寫《史記》，二十歲起便四處遊歷，採集田野資料，是漢代官員中遊歷較廣者。
（右圖）敦煌月牙泉。月牙泉位於漢時的敦煌郡，是前往西域必經之處。

說中住在蓬萊三島的仙人，能夠求得長生不老之術。

這些例子說明什麼？說明當時上自帝王，下至平民百姓，都認為自己所在的地方是天下的中心，周邊卻都是蠻夷，既落後又野蠻，因此缺少到外界去尋求新的資源或者知識，了解和學習外部文明的動力。唯一的例外是仙人，他們不受「夷夏之辨」的影響，可以住在華夏文明圈之外，因此需要到邊遠地區或海上尋找。

## 張騫突破漢代的地理知識

在西漢的官員士人中，《史記》的作者司馬遷的遊蹤是見於記載最廣的一位。按他自己的記述，二十歲左右就出門遠遊，從他的老家今陝西韓城開始，遊江淮，到今浙江紹興的會稽山探訪大禹的墓葬，然後又往今湖南的九嶷山，傳說是帝舜的葬地，然後經過沅水、湘水，又北上到孔子故鄉汶水、泗水一帶，在齊魯之鄉訪學，在孔子遺跡體會孔子遺風，經今河南商丘一帶返回。司馬遷出身史學世家，又有意繼承父業，所以他尋訪的地方都是與歷史文化有關。另一次是司馬遷執行朝廷的使命，奉命去巴、蜀、昆明，即今天的四川省、重慶市和雲南省境內。但當時一般的官員和士人，如果沒有職務需要或特殊原因，自己往遠處旅遊是非常困難的，直接經歷的地方自然很有限。了解了這個背景，就不難理解張騫通西域的意義，因為張騫的遊蹤完全突破了漢朝人的地理知識圈，開闢了一片新天地——西域。

張騫為什麼去通西域？是執行漢武帝交給他的一項政治使命。原來在河西走廊西部祁連山、敦煌一帶聚居著兩個部族——月氏和烏孫，在公元前二世紀時因受到匈奴的壓力，被迫西遷，分別遷到了今阿富汗和伊犁河流域。據說，匈奴攻破月氏後，曾割下月氏王的頭製成酒具。從匈奴俘虜的口中，漢武帝了解月氏、烏孫與匈奴有這樣的宿怨，就想派人去與他們聯絡，一起夾擊匈奴，以便徹底消除匈奴對漢朝的

威脅，所以公開招募出使人員，張騫以郎官的身分應募後被
選中。他帶著百餘名隨行人員從長安出發到隴西，再往西就
要經過匈奴的地方，結果被匈奴扣下來，單于說：「月氏在
我的北面，漢使怎麼能過去呢？我要派使者去南越，漢朝會
允許嗎？」這一扣就是十年多，張騫娶了匈奴妻子，有了孩
子，但他始終保持著漢朝授予他的使節。他終於找到了從匈
奴逃脫的機會，與隨從堂邑父繼續西行，到了大宛。

　　大宛早就聽說漢朝的富饒，卻沒有交往的途徑，見到張
騫大喜，問他要往哪裏去。張騫告知原委，說只要大宛王能
派人將他送至月氏，日後返回漢朝，漢朝必定會給大宛不計
其數的財寶。於是大宛派了嚮導和翻譯將張騫送至康居，又

由康居轉送至大月氏。這些地方大致上是今天新疆的西部，加上相鄰的哈薩克斯坦、吉爾吉斯斯坦、烏茲別克斯坦，以及阿富汗、巴基斯坦、伊朗的一部分。但大月氏已經占有大夏舊地，當地土壤肥沃，物產豐富，生活安定，不想報匈奴之仇，又認為離漢朝那麼遠，彼此起不了什麼作用，所以對張騫的使命沒有反應。張騫待了一年多，還是不得要領，只能返回。他想避開匈奴，就從祁連山繞道羌人地區，大概是在青海湖和湟水流域一帶，但是因為當時匈奴還占有河西走廊，於是又被匈奴扣留了。又過了一年多，單于死了，匈奴內亂，他與匈奴妻子、堂邑父一起逃脫，回到長安。這是他第一次通西域，歷時十三年，去時百餘人，歸來僅二人。

### 鑿通「絲綢之路」

張騫所到之處，此前從未見於確切的文獻記載，至少沒有見到親歷者的記錄。張騫獲得的西域知識引起了漢武帝更大的興趣。本來漢武帝已下令徵發大批民夫在修築通向西南夷的道路，由於工程巨大，耗費的人力物力太多，已經停止。但當他聽張騫講到在大夏曾見到由蜀地經身毒（印度）輸出的商品，又下令恢復築路工程，並且派出大批人員，尋找由蜀地通往大夏的路徑。

張騫回國後被封為太中大夫，又以校尉的身分隨大將軍衛青征匈奴，由於他有在戈壁沙漠長途跋涉的經驗，善於找到有水草的地方，使部隊的人馬不致困乏，因功被封為博望侯。兩年後，張騫被封為衛尉，與李廣一起從右北平出擊匈奴。李廣被匈奴圍困，軍隊損失很大，而張騫沒有能及時趕到支援，

（下圖）李廣像。張騫出使西域亦為漢武帝尋求擊退匈奴的方法之一。於武力方面，漢武帝曾遣李廣、衛青、霍去病等人征伐匈奴。於外交方面，他也欲以張騫出使西域諸國而尋求同盟。

TOP PHOTO

按軍法應當斬首,後以官爵贖罪,保全性命,卻成了庶人。
但武帝還是經常問他西域的情況,張騫乘機建議漢武帝結交
烏孫,進一步打擊匈奴。他說:「匈奴剛打了大敗仗,如果
用豐厚的財物籠絡烏孫,招引它返回故地,漢朝送一位公主
給烏孫國君當夫人,結為兄弟關係,他肯定會聽從,等於斷
了匈奴的右臂。只要聯合了烏孫,它西面的大夏等國都能被
招引來當漢朝的外臣。」於是漢武帝拜張騫為中郎將,派給
他三百名隨員,每人備兩匹馬,帶著數以萬計的牛羊和價值
數千萬的金幣絲織品,還給他配了幾位同樣持有使節的副
使。

當時漢朝在軍事上已經占有優勢,控制了河西走廊這條主

(上圖)陝西榆林出土的漢代
貴族墓石刻。石刻再現了西漢
與匈奴大戰的場面,一具落馬
的屍體已被斬首,頭顱被後方
的騎兵高舉著。

要交通路線，張騫率領的使團順利到達烏孫，又到了大宛。儘管張騫依然沒有完成他的軍事使命，但「鑿空」（即通西域）的目的完全達到，張騫返回時，帶回一批西域各國的使者。他派副使分別到了康居、大月氏、大夏、安息、身毒，還有今天新疆南部的于闐等地。由於副手們收集的資料都向他匯報，所以張騫對西域有了相當全面的了解，很多知識是以往漢人從未知曉的。由於這次出使沒有受到干擾，張騫及其隨員由漢朝往西域各地所走的，應該就是長期形成的主要交通路線，此後也繼續沿用。對這些道路，在中國的史書中有的有專用名稱，有的只有起訖地點的記載。到了近代，德國地理學家李希霍芬命名為「絲綢之路」，很快風靡世界，在中國也被普遍採用了。

絲綢之路是一個總稱，泛指由中原通往西域的道路，既指幹道，也包括通往各地的支道。幹道的主要走向以後沒有什麼變化，但不同的階段，在局部地區還是有變化的。在存在不止一條幹道的地區，不同階段也會有不同的選擇。西域的含義也有廣狹之分：狹義的西域是指漢朝的玉門關（在今甘肅敦煌市西）以西，至巴爾喀什湖和帕米爾高原之間，大致就是西漢後期設置的西域都護府的轄境，包括今天新疆全境和部分中亞相鄰地區。廣義的西域則泛指玉門關以西，不管哪裏都叫西域，不僅包括大夏、康居、安息、身毒等，還可以包括大秦（羅馬帝國）等漢人所知的全部範圍。

TOP PHOTO

（上圖）安息貨幣。安息為西域國家之一，主要位於伊朗高原，曾受波斯帝國與亞歷山大帝國統治，最後為波斯薩珊王朝取代。

### 張騫西域見聞成為重要史料

對於張騫通西域的結果，司馬遷是這樣評價的：

《禹本紀》言：「河出崑崙，崑崙其高二千五百餘里，日月所相避隱為光明也，其上有醴泉、瑤池。今自張騫使大夏之後也，窮河源，惡睹《本紀》所謂崑崙者乎？故言九州山川，《尚書》近之矣，至《禹本紀》、《山海經》所有怪物，

余不敢言之也。」

司馬遷是非常講究實際的,《禹本紀》說黃河是崑崙山出來的,崑崙山是太陽和月亮出來的地方,上面有甘泉,有很甜的泉水。但是張騫出使遠達大夏,已經到了黃河的源頭,哪裏看到過《禹本紀》所說的崑崙?哪裏有什麼崑崙?所以司馬遷認為張騫的經歷推翻了原來《禹本紀》裏面的傳說。證明了《尚書》是比較寫實的,《禹本紀》、《山海經》是奇談怪論,他是不會採用的。

張騫將自己的見聞向漢武帝做了詳細的報告,而且講得很清楚,哪些是自己親身經歷的,哪些是聽說的。司馬遷作為太史令,將這些都做了記載,成為《史記》和以後的《漢書》中主要的資料來源。

例如:

**大宛**:其俗土著,耕田,田稻麥。有蒲陶酒,多善馬,馬汗血。……有城郭屋室。其屬邑大小七十餘城,眾可數十萬,其兵弓矛騎射。(大宛的民眾定居,以農業為主,種稻

（上圖）東漢畫像磚中釀酒的情景。張騫出使西域帶回了葡萄等西域名產。《史記》記載「宛左右以蒲陶為酒,富人藏酒至萬餘石,久者數十歲不敗。俗嗜酒,馬嗜苜蓿。漢使取其實來,於是天子始種苜蓿、蒲陶肥饒地。」

和麥。產葡萄酒，有名種馬，馬的汗水像血一樣顏色。……建有城牆和民居，所轄有大小七十多座城，人口有數十萬，使用的武器有弓、矛和射箭的騎兵。）

**于闐**：于闐之西，則水皆西流，注西海；其東水東流，注鹽澤。鹽澤潛行地下，其南則河源出焉。多玉石，河注中國。（于闐以西的河流都向西流，注入西海。于闐以東的河流都向東流，注入鹽澤。鹽澤的水由地下潛流，南面的出口就是黃河源。盛產玉石。黃河流入中國。）

**烏孫**：行國，隨畜，與匈奴同俗。控弦者數萬，敢戰。（烏孫是遊牧國，民眾隨著畜牧遷移，習俗與匈奴相同。有數萬能彎弓射箭的人，戰鬥力強。）

**康居**：行國，與月氏大同俗，控弦者八九萬人。

**奄蔡**：行國，與康居大同俗。控弦者十餘萬。臨大澤，無崖，蓋乃北海云。（……該國面臨一個無邊的大湖，就是北海。）

**大月氏**：居媯水北。……行國，隨畜移徙，與匈奴同俗。控弦者可一二十萬。

**安息**：其俗土著，耕田，田稻麥，蒲陶酒。城邑如大宛。其屬大小數百城，地方數千里，最為大國。臨媯水，有市，民商賈用車及船，行旁國或數千里。以銀為錢，錢如其王面，王死輒更錢，效王面焉。畫革旁行以為書記。（……城市像大宛，所轄有大小數百座城，

TOP PHOTO

（上圖）內蒙古陰山岩畫。岩畫的年代從先秦至近代皆有，主要表現古代遊牧民族的民俗風情。

地方有數千里,是西域最大的國。靠阿姆河,居民用車或船經商,與周圍各國貿易,遠的達到數千里。用銀子鑄錢幣,上面有國王的頭像,國王去世了,就會根據新國王的頭像鑄造。在皮革上記事,字是橫寫的。)

　　**條支**:臨西海。暑溼。耕田,田稻。有大鳥,卵如甕。人眾甚多,往往有小君長。……國善眩。安息長老傳聞條支有弱水、西王母,而未嘗見。(條支國靠著西海,氣候炎熱潮溼。從事農耕,種稻。有一種大鳥,生的蛋有甕那麼大。人口眾多,往往有各自的君主。……那裏的人善於演雜技。安息的長老說條支國有弱水,有西王母,但去的人沒有見過。)

(上圖)佉盧文殘碑。佉盧文是一種古代文字,流傳於阿富汗、巴基斯坦地區,並廣被絲綢之路上的各個國家使用。

**大夏**:其俗土著,有城屋,與大宛同俗。無大君長,往往城邑置小長。其兵弱,畏戰。善賈市。……民多,可百餘萬。其都藍市城,有市販賈諸物。(……沒有統一的君主,各個城邑往往有自己的首領。軍力弱,怕打仗。善於做買賣。……人口多,有百餘萬。首都在藍市城,市場商人多,貨物齊全。)

這些記錄不僅大大豐富了漢朝人對西域的了解,也在一定程度上使他們認識到,中國以外並非都是蠻夷,也有自己的文明,至少也有各自的長處。而中國人以往想像中的神仙和他們居住的地方,實際上並不存在。這些知識中也包含著錯誤,例如張騫認為今塔里木河流入羅布泊後,又從地下潛流,成為黃河的源頭。這是由於黃河真正的源頭還無法到達,當時人缺乏內陸湖的概念,又沒有發現羅布泊還有出口,所以將兩者聯繫起來,形成誤解。由於這一誤解恰恰能夠解釋以後成為儒家經典的《尚書‧禹貢》中「導河積石」的說法,因此就長期沿用。

### 張騫通西域是時代產物

我們怎麼來看張騫的成就呢?張騫本人肯定有過人之處,從《史記》與《漢書》內容不多的記載看,他忠於國家,一心建功立業,膽子大,想像力豐富,吃苦耐勞,堅忍不拔,百折不撓,善於用人,愛護下屬。但張騫的成就更應看成一個時代的產物,在他的背後有無數無名英雄。比如說張騫第一次出使的時候,招聘的人員中有一位堂邑氏胡奴甘父,這個人本是胡人,是被漢朝俘虜的,肯定很熟悉匈奴等地的情況,又有很好的箭法,危難時幫了張騫大忙。他對張騫忠心耿耿,始終追隨,十多年後只有他一個人隨張騫回國。要是沒有他,張騫即使不死,也只能流落他鄉了。還有張騫被匈奴扣留後娶的匈奴妻子,以後也隨張騫回國,肯定也給了張騫很多的幫助,張騫能順利出

(上圖)漢代銅奔馬。漢武帝曾為獲得大宛馬,出兵討伐西域的大宛國。

逃，繼續西行，或許就出於她的幫助。在這一點上，漢朝人
的觀念是相當開放的。不僅張騫，另一位大名鼎鼎的忠臣蘇
武也是如此。他被匈奴扣留後被流放到北海去牧羊，手中始
終拿著漢朝的使節，忠心不變。但他也不拒絕娶匈奴妻子，
並且生了兒子。他返回漢朝後，與匈奴妻子還互通音訊。後
來他漢人妻子所生的兒子因罪被殺，絕了後。他請求將匈奴
妻子生的兒子接來繼承爵位，得到朝廷的批准。

（上圖）唐 韓幹《照夜白圖》。
天寶三年，唐改大宛為寧遠，
並將義和公主遠嫁寧遠國王為
妻。寧遠國王向玄宗獻大宛馬
兩匹。玄宗親自將這兩匹馬
命名為「玉花驄」和「照夜
白」。

# 絲綢之路及張騫出西域圖

## 從西域出口到中國的產品

### 葡萄
張騫出使西域時，在大宛當地見到種植葡萄和用葡萄釀酒的景象：「宛左右以蒲陶為酒，富人藏酒至萬餘石，久者數十歲不敗。」葡萄酒傳入中國後，成為皇室和貴族的珍品。

### 紫花苜蓿
苜蓿初傳入時為宮廷御馬的飼料，後傳入民間，作為綠肥和牧草等用途。

### 核桃
漢朝時稱為「胡桃」，原產於伊朗和阿富汗，由張騫帶回種子種植。由於中國稱西域人為胡人，因此部分從西域傳入的物品都帶有胡字。

### 琵琶
西域特有的音樂及樂器豐富了漢代文化。像是西域的龜茲樂曲，便是使用「琵琶」彈奏，東漢年間藉由絲綢之路傳入中原。

### 大宛馬
漢武帝本欲以一匹鑄造的金馬換得汗血馬，卻遭大宛拒絕，盛怒之下出兵遠征。汗血馬體型強壯、速度快，適合長途奔馳，提升了漢朝軍隊的戰力。

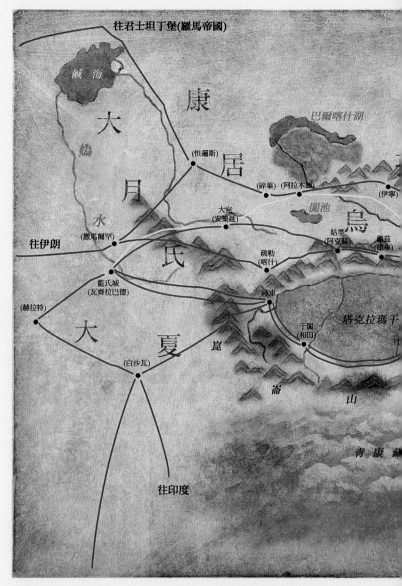

往君士坦丁堡(羅馬帝國)

鹹海

康

巴爾喀什湖

大

月

嬀

(怛邏斯)

居

(碎葉) (阿拉木圖)

(伊寧)

闐池

烏

水

大宛
(安集延)

(撒馬爾罕)

往伊朗

氏

姑墨
(阿克蘇)

龜茲
(庫車)

疏勒
(喀什)

核桃

藍氏城
(瓦齊拉巴德)

(赫拉特)

大

夏

(白沙瓦)

崑

莎車

于闐
(和田)

塔克拉瑪干

崙

山

青康藏

往印度

張騫第一次出使路線
張騫及副使第二次出使路線
絲綢之路幹道
武帝早期的漢帝國西北邊界
古地名(今地名)

奴
匈
漢

車師
(吐魯番)
伊吾盧
(哈密)
樓蘭
敦煌
雕得
(張掖)
河西走廊
黃
姑臧
(武威)
青海湖
河
羌
金城
(蘭州)
平涼州
(平涼)
狄道
(臨洮)
長安
(西安)

李曼吟繪

## 從中國出口到西域的產品

### 絲綢
希臘羅馬人衣服的主要原料是羊毛和亞麻,不似絲綢輕柔、色彩亮麗。絲綢隨著張騫通西域而傳入西方後,很快成為貴族或上層階級的奢侈品。

### 造紙術
東漢時造紙術發明,四、五世紀時,紙已傳入新疆等地但真正的技術西傳是在唐代。751年,阿拉伯軍隊在怛邏斯之役擊敗唐軍隊,俘虜中有造紙工匠,沿著絲綢之路送往撒馬爾罕製紙,為造紙術西傳之始。

### 印刷術
唐代時,雕版印刷技術傳播至吐魯番。十二世紀,吐魯番被蒙古征服,很多印刷工匠被帶往東歐和波斯,印刷術便逐漸在歐洲流傳。

### 火藥
最早出現在三國時代,宋時被廣泛應用於軍事上,與南宋戰事頻繁的金國很快掌握了製作火藥的技術。十三世紀蒙古滅金,大批工匠被編入蒙古軍隊,隨著蒙古帝國遠征,火藥技術傳入阿拉伯世界及歐洲。

## 張騫年代前的中西交流

我們還應該注意到，張騫及其隨員從匈奴以西，一路都有翻譯。這說明在張騫之前，西域各國各地之間的交流已經相當頻繁，所以才會有專職的翻譯。張騫到大夏時看到有蜀地生產的布，人家告訴他是通過印度運過去的，那就是說張騫以前已經存在著從四川經過印度通向阿富汗、伊朗的交通路線，並且已有經常性的貿易。這條西南的「絲綢之路」究竟存在了多長時間，我們現在還不知道，也許比漢朝、秦朝更早。張騫的隨員真的到了于闐，將那裏產的玉石帶回來了。但考古發現，早在公元前十三世紀的商王墓葬中已經有了和闐玉，說明西域與中原間的交往其實早已存在。

張騫通西域的成果也是靠眾人取得的。例如他的隨員將西域的葡萄、苜蓿引入漢朝，在皇帝的離宮和一些肥沃的地方栽種。為什麼要引種苜蓿呢？因為從大宛帶回來的汗血馬（又稱天馬）在那裏吃慣了，而中原沒有這種飼料。此後，大量原產於西域的物品傳入中國，很多名稱中帶「胡」字的都來自西域，如胡麻（芝麻）、胡瓜、胡蘿蔔等，還包括樂器、音樂、舞蹈。如二胡，傳入時泛稱為胡琴，我們今天視為民樂或國樂的很多樂器，其實都是從西域傳來的。這固然是由於交通路線通了，更重要的是中國對這些物品有需求。

與此同時，海上的交通線已經形成。據《漢書·地理志》記載：

（下圖）東漢陶船。漢代時，海上交通已經形成，《漢書·地理志》便記載有漢帝國與越南等東南亞的國家交流的紀錄。

（右圖）《鄭和航海圖》。收於明代茅元儀所著的《武備志》中。鄭和下西洋為中國外交的一個高峰時期，於此之後，明代官方無力再以金錢支持遠航行動。明清兩代海禁實施後，中原地區對外接觸更大為減少。

TOP PHOTO

自日南障塞、徐聞、合浦船行可五月，有都元國；又船行可四月，有邑盧沒國；又船行可二十餘日，有諶離國；步行可十餘日，有夫甘都盧國。自夫甘都盧國船行可二月

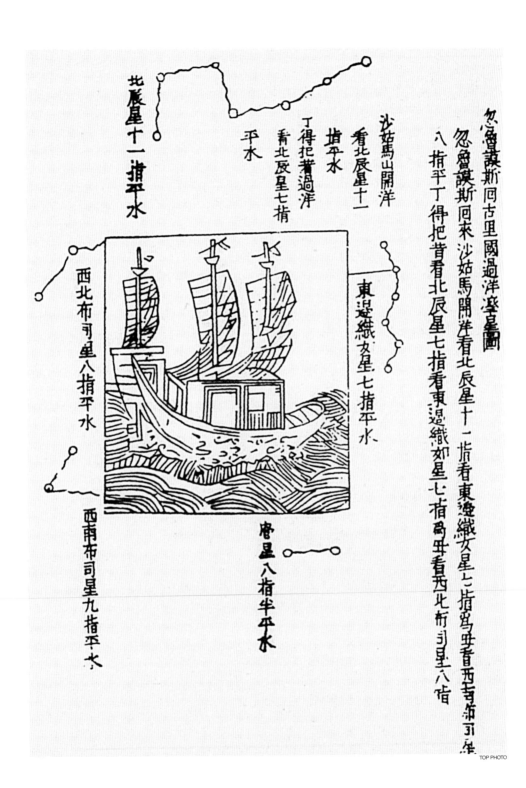

忽魯謨斯回古里國過洋牽星圖

忽魯謨斯回來沙姑馬開洋看北辰星十一指看東邊織女星七指為平看西北布司星八指

八指平丁得把昔看北辰星七指看東邊織女星七指為平看西北布司星八指

北辰星十一指平水

沙姑馬山開洋
看北辰星十一
指平水
丁得把着過洋
看北辰星七指
平水

東邊織女星七指平水

西北布司星八指平水

西南布司星九指平水

燈星八指半平水

餘，有黃支國，民俗略與珠崖相類。其州廣大，戶口多，多異物，自武帝以來皆獻見。……自黃支船行可八月，到皮宗；船行可二月，到日南、象林界云。黃支之南，有已程不國，漢之譯使自此還矣。

由此可見，西漢時在今雷州半島一帶和越南南部（當時屬漢朝疆域）有通向東南亞和南亞很多地方的航線。儘管對這些地名有不同解釋，但一般認為包括今新加坡、麻六甲海峽、印尼、緬甸、印度或斯里蘭卡等地。航行的時間動不動要幾個月，大家或許覺得不可信。其實，當時的船是沒有動力的，得等到合適的風向或洋流，有時等候的時間比航行的時間還長。值得注意的是，漢朝那時已經有了專門的「譯使」，說明這些航線已經成熟，漢朝與這些地區已經有了經常性的來往，才可能有專職做語言溝通的人員。

今天沒有人知道，是誰開闢了這些海上的交通路線，也不知道是否存在過海上的「張騫」，但可以肯定，在張騫以前和以後都有不少無名的探險家、旅行家，正是有了這些人才有了張騫，所以我們應把張騫通西域看成時代的產物。

一個不爭的事實是，像張騫這樣的人在中國歷史上並不多

見。東漢時還出了一個失敗的張騫。東漢和帝永元五年，西域都護班超派下屬甘英出使大秦（羅馬帝國）。甘英到了安

息（今伊朗一帶），準備上船渡海。安息的水手對他說：海

水遼闊，遇到順風要航行三個月，如果碰到逆風就要兩年，所以出海的人要準備三年的糧食，而且在海上的人容易得思鄉病，有人就此死去。甘英聽了這話就放棄了。有一種說法，因為當時安息人壟斷了由漢朝向西方的絲綢貿易，怕漢朝與羅馬接上關係後，自己的地位會喪失。但安息人並未強

YT23
TOP PHOTO

（上圖）滇王之印。漢武帝曾欲打通與身毒（印度）之交通，希望同西南地區國家借道，但始終沒能成功。而後，武帝派兵攻打滇國（雲南），滇王主動請降，武帝於此設益州郡，並賜「滇王之印」。這亦是「夷夏之辨」的展現。

行阻止，決定去不去還在甘英自己。我們注意到，甘英返回後並未受到班超或上級的處罰。這段經過記在史書中，說明甘英並未隱瞞真相。可見，就是派王英、張英去，結果也是一樣，說明漢朝並沒有與羅馬聯繫的實際需要。

那麼這是什麼原因呢？我想還是要從一開始講到的天下觀說起。

## 鄉土觀念

中國古代比較早地發展了農業，成為農業社會。作為一個農業社會，主要的需求都可以通過本身的勞動得到滿足。漢武帝時最多有四千多萬人，西漢末年有六千多萬人，這些人口完全由本國土地供養綽綽有餘。不僅是糧食，日用品都可以自給自足，這種狀態一直延伸到改革開放以前。這種情況下，怎麼能夠設想一個講究實效的統治者或者民眾非要到外國去？秦始皇、漢武帝這些皇帝出海航行，不是為了土地、

（上圖）漢代農耕壁畫。漢以農立國，且經濟足以自給自足，因此多數帝王缺乏向外擴張的動力。

（下圖）東漢銅車馬。東漢銅車馬出土於甘肅武威。公元前121年，霍去病打敗匈奴，漢室控制了河西走廊，先後在武威、張掖、酒泉、敦煌設郡。「武威」有「武功軍威」的意思。

為了找新的財富，而是為了遇見仙人，能得到長生不老的藥，這才是他們真正的動力。百姓也依戀自己的土地，形成安土重遷的習俗，缺乏外向發展的動力。

　　遊牧民族就不同了，他們「逐水草而居」，放牧過的地方不一定再回來，沒有什麼鄉土觀念。匈奴、鮮卑、突厥、契丹、女真、蒙古人都會長途跋涉，或者南下，或者西遷。還有國家

國小民窮，又缺乏資源，只能向外尋求財富和出路。近代一度稱霸海上的幾個國家無不如此，西班牙、葡萄牙國小民窮，荷蘭土地有限，英國國內市場太狹小，所以他們航行的目的很明確，要找到新的航路，以便獲得殖民地、黃金、奴隸。而中國長期以來沒有這樣的需求，因為地理環境已經滿足了社會需要。人口增加就擴大耕地，等到耕地開墾得差不多了，天無絕

人之路，比如到了明朝後期中國人口已接近兩億，美洲的糧食作物，如番薯（又稱紅薯）、玉米、馬鈴薯、花生等陸續傳播進來，使南方山區得到開發，陡坡上都能種番薯、玉米，所以清朝四億多人也能夠養活。等到人口壓力加大時，東北、內蒙古、台灣和其他邊疆地區又開發了。中國始終處在一個不停地擴展耕地，或者增加產量，或者引進新品種的過程中，所以能夠滿足社會人口的基本生活需要。

## 民族優越感

第二個原因是中原地區和華夏諸族對周邊少數民族的優越感，就是前面提到的「夷夏之辨」。華夏一直認為自己這個民族是天下最優秀、最文明、最了不得的，而其他民族都是蠻夷，都不如自己。一方面華夏和漢族實行比較開放的心態，但這種心態是建立在強烈的自信心之上的——我是最文明的最強的，所以華夏、漢族從來沒有從血統上鑑別或歧視少數民族，只要接受我的文化，哪怕你是高鼻子藍眼睛，我也把你當自己人，你就能「由夷變夏」。但如果不接受華夏文明，那你就跟禽獸差不多。這種觀念從孔子以來就沒有變過，所以到鴉片戰爭時，雖然打了敗仗，還認為對方是「英夷」、「法夷」，低我們一等。甚至到現在，不少人還總是覺得我們漢族了不得，對少數民族往往看不到人家的優點，總是覺得我應該照顧你，應該優待你，而不是覺得我們應該真正平等。

在這種觀念的控制下，除非有政治上、軍事上或宗教上的原因，一個人怎麼會離開華夏、漢族地區到「蠻夷」地方去呢？他缺乏正當的理由，沒有什麼動力。元朝時候西藏已經歸了中國，但直到清朝，不少人還稱之為「西蕃」，到過西藏的漢族知識分子、官員屈指可數，整個明朝大概只有朱元璋派去過和尚使者，著名的旅行家徐霞客也沒到那裏去過。中國古代的旅行家、探險家，除非是政治或者宗教的原因，不會主動了解或深入少數民族，更不要說外國。現在留下的有關外國的記錄，

（右圖）北魏孝文帝篤信佛教，也推行漢化政策。許多建於北魏前後時期的佛窟如雲崗石窟、龍門石窟，都可見到漢化的跡象。此為洛陽龍門石窟的佛雕像。

除了出於官員和教徒之手，就是出於被俘、經商或其他偶然的原因。清朝第一位駐外大使只能請美國人蒲安臣擔任，一方面是沒有人會當大使，另一方面絕大多數人不願或不敢出國當大使，因為士大夫鄙視甚至蔑視去「蠻夷」、「番邦」的人。郭嵩燾攜夫人出使英法，並按國際禮儀參與外交活動，湖南士紳竟覺得他自甘墮落，要求開除他的省籍。

## 中央集權體制

第三，就是中央集權體制產生的負面影響。春秋戰國時有很多小國，人口流動比較自由，統治者想禁止也辦不到。中央集權體制確立後，就沒有那麼多自由了，什麼事情都要經過朝廷准許。對邊界一般都有嚴格控制，不許中原人到外面去的。漢朝和匈奴和好後，匈奴提出，既然雙方和好了，你為什麼還在邊關嚴密把守，設那麼多關卡幹什麼？漢朝回答說：這不是防你們的，是防我們自己人出來。玄奘取經是偷渡出去的，回來時已名聲在外，唐朝才歡迎他回來。清朝曾發布命令，要在海外的華人限期回國，否則就取消他們的戶籍。鴉片戰爭後，清朝與外國出現了涉及華僑的衝突，清朝根本沒有保護華僑的概念，反而稱這些人不忠不孝，跑到外國去了，與我們還有什麼關係？歷史上也有些特殊情況，那是打破了中央集權控制的結果。如明朝時福建人到台灣、日本去，與外國貿易，都是非法的，是走私。地方官默許甚至支持，如專門開放月港，供走私貿易之用，是因為走私貿易給他們帶來巨大的利益。但一旦朝廷加強禁令，或者派兵鎮壓，他們也不敢對抗，會將走私商趕走。

## 強勢的漢文明

最後一個因素與中國特殊的地理條件有關，因為古代在中國周邊的確沒有比中國更加文明、更加發達的其他政權或者民族。所以非漢族可以以武力進入中原，入主中原，甚至可

（上圖）明 徐弘祖《徐霞客遊記》。中國人因儒家文明對於鄉土的依戀，因此難以產生對外探索的動力。徐弘祖之《徐霞客遊記》是中國少數的旅遊日記，其遊記對地理學的研究上貢獻頗多，是世上第一個記載喀斯特地形者。

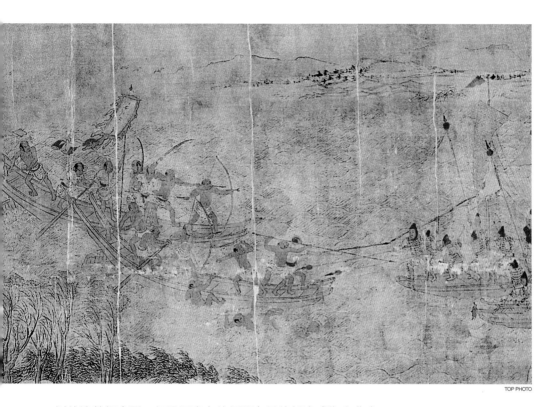

以統治整個中國,但是軍事上的征服者最後都會成為文化上的被征服者。如匈奴人劉淵起兵建國時,就認漢高祖劉邦為祖先。鮮卑人建立北魏,統一了中國北方,卻並沒有用鮮卑文化統一北方,而是主動實行漢化,連皇族的姓也由拓跋改成了元。女真人入主中原後,皇帝的子孫都不願再用女真字的名字了,都取了漢文名字,皇帝想禁也禁不了。

蒙古人剛進入北方時實行的政策,是那座城市三天之內不投降,在攻克後將裏面的人全部殺光。有人向蒙古統治者建議,「漢人無補於國,乞悉空其地以為牧地。」漢人對國家沒有什麼用處,應該將漢人的地方騰出來放牛、放羊。但後來蒙古人自己發現,農業比牧業重要,所以到忽必烈攻打南宋時,頒發的詔書中已改為保護農商。元朝時,宋朝的理學非但沒有衰落,而且還很興盛。等到元朝滅亡,在中原的蒙古人逐漸不見蹤影了,其實都漢化了。滿族也是一樣,到了

(上圖)明《抗倭交戰圖》(局部)。
明代海禁起始於明太祖朱元璋之時,主要原因除了防止沿海居民私下對外貿易之外,元末至明倭寇猖獗也是一個重要因素。海禁政策的延續也導致了中國始終缺乏向外擴張的好奇與動力。

51

（上圖）明 艾儒略《萬國全圖》。

艾儒略（Giulio Aleni，1582－1649），耶穌會義大利傳教士。《萬國全圖》
本為其師利瑪竇所繪的世界地圖，後艾儒略加以修改重繪。《明史》載：「萬
曆十二年，瑪竇之廣州，自製《萬國圖志》，示於室中，遠近震動。二十九
年至京師，獻方物，明神宗覽其圖，甚愛之。三十年太僕寺少卿李之藻出
資刊行其圖志，曰《坤輿萬國全圖》，中土之人始知世界。」

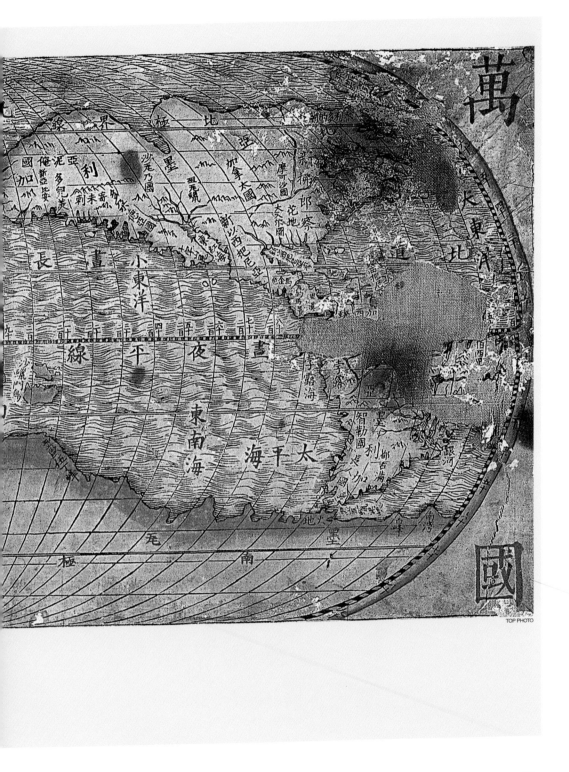

VascoNuñez toma posesion de laM del Sur

## 歐洲探險家
## 與他們的發現

（上圖）巴爾波亞（1475-
1519），西班牙航海家，也是最
早穿越巴拿馬地峽，到達太平
洋東部者。

（下圖）亨利王子（最前
者），西方最早的航海探險家
（1394-1460），也是最早抵達
西非者。

（右圖）哥倫布發現美洲，
布蘭查德（Pharamond
Blanchard）繪。西班牙、葡
萄牙與荷蘭諸國因為地域狹
小，必須藉由新航路來獲得殖
民地，促成當時歐洲航海家的
崛起。哥倫布於1492年發現
美洲亦是於此背景之下。

清朝後期，滿人已熱中於科舉考試，北京滿人最時髦的是聽京戲寫字、養鳥。辛亥革命以後，大量滿人紛紛改成漢姓，要不是以後少數民族受到優待，很多滿人都自稱漢人了。這是屢試不爽的規律，但這樣一來更加使漢人相信，自己的文化是天下第一。

由於特殊的地理環境，鴉片戰爭以前中國始終沒有受到過外來文明的挑戰。而在西方，羅馬帝國以降，很多政權是直接被外來民族、落後民族以武力消滅的。中國則除了北方的少數民族以外，東面是朝鮮、日本，它們對中國構不成威脅，而且還主動輸入華夏文化。南面是越南，到十世紀以前還是唐朝領土。東南亞的文化也沒有構成對中國的威脅。西面曾經有過比較危險的時候，如唐玄宗時，黑衣大食（阿拉伯阿拔斯王朝）與高仙芝在怛邏斯打了一仗，唐軍幾乎全軍覆沒。本來阿拉伯軍隊完全有可能長驅直入，但安史之亂爆發後，藏族的祖先吐蕃人擴張到新疆和河西走廊，擋住了阿拉伯東擴之路。明朝中期後西方傳教士開始來華傳教，也帶來了西方文化。但他們的方式是和平的，並且盡量迎合中國傳統文化，影響還很有限。對中國的士人來說，自己的文化還學不過來，即使產生了懷疑，也不會想到外國去尋求真理。

### 為何出不了第二個張騫

張騫後繼無人，還與儒家傳統觀念的局限有關。建立在中原農業文明基礎上的儒家文明長期形成的觀念是，父母在不遠遊，遊必有方；安土重遷，桑梓情深；對故鄉眷戀，對土地依賴。即使不得已在外面，也要回來敬奉父母，光宗耀祖，落葉歸根。中國有很多優秀傑出的士人，卻很難突破這個局限。明朝的徐霞客是個異數，以前老是強調他怎麼愛國，完全是出於想像和美化，其實他就是個旅遊癖。他為什麼能夠成功？很多偶然因素幫了他忙。他一輩子沒有考上科舉，否則就做官去了。他家裏是不小的地主，有錢，可以供

（右圖）《明人畫麒麟沈度頌》。
明永樂年間，榜葛次（孟加拉）使者牽來一頭麒麟祝賀明成祖。這是鄭和四下西洋後宣揚國威的成果。

瑞應麒麟頌有序升圖

狄佳

皇帝陛下嗣承
太祖高皇帝洪基德化流行偏和萬邦三光順序百靈
効職由進駒廣至嘉木生甘露體黃河清醴泉溢諸
福之物莫不畢至迺永樂甲午秋九月麒麟出榜
葛剌國奉進於
朝以民眼觀眈廋信萬世陰

歷人有至仁之德通于無明則麒麟斯皆
皇帝陛下與天同德恩澤廣被草不昆嘉濟勤植之物皆
得生遂故和氣駢結陰生興麟以為國家萬年太平之
徵也是余所傳使恭觀嘉瑞百年得首諸瑞喈日作拱

聖皇延氏迄文綱登寶位治法古萬方底定三辰順序兩騰時吉歲
檢索徐民治做似無閒英風恩神百靈上浮其所和氣重薰進
于家寧為序禎祥漆波輔羽嘉木根河清浮駒廣至
醴泉甘露諸福維天之助中令茶頓維十二年歲
在甲午西南之陬大海之涯麒麟形高太過身馬那肉角
興文采爛然嘉禾坻不稅物游七祥二軒徐勤猗如度
天府虞由欧度麟即我托戰賺古遍趾洛齊至萬斯年命存問
矜其君鳴音叶鐘呂威尹兆恍觀賺賺千先快觀歲歌八瑞象生

聖主

聖皇水昌寶祚興賦詢林緣勿紀著詠詩以陳頌歙

聖皇在御登三邁五天錄

儒林郎翰林院修撰臣沈度頓進

得起他出去玩，他每年過了年不久，就帶上僕人帶上錢出門去了。他有一個很開通的媽媽，不僅支持他出遊，還曾隨他從江陰到宜興去玩了一次。還有明朝優待士人，他功名都沒有，一個平民百姓，居然能受到各地驛站的招待，還可以讓驛站給他派轎夫民夫，各地的官員也會招待他吃喝遊覽。更重要的是，他有一批有社會影響力的朋友，記載和傳播了他的事蹟，而他的日記居然在明清之際的動亂中保存下來，又碰到近代一個地質學家丁文江充分肯定了他的地理學成就。丁文江指出，《徐霞客遊記》中所記岩溶地貌（喀斯特地貌）比歐洲人早兩百年。這麼多因素才成就了徐霞客。

張騫以後出了法顯、玄奘，但他們是出於宗教目的。如玄奘回國後一心翻譯佛經，要不是唐太宗堅持，他就不會口授《大唐西域記》。鄭和也是如此，他執行的是政治使命，儘管當時明朝完全有遠航的實力，卻不是誰想走就走得成的。今天的人可能不理解，為什麼鄭和七次下西洋後，沒有第八次、第九次，為什麼鄭和和他的隨員留下的記錄那麼少！其實在七次下西洋後，宣德皇帝曾經調閱鄭和的檔案，或者他想實施第八次下西洋，但主管大臣的答覆是檔案找不到了。後人分析是他自己燒了，因為他怕皇帝看後，真的會再來一次下西洋，那麼國庫會更空了。原因是在於鄭和出去是帶著大量金銀財寶，到各國去宣揚國威，去布施，而帶回來的所謂「貢品」，不過是當地產的香料、獅子、長頸鹿等。這些東西不能吃不能喝，更與國計民生無關。有一次宣德皇帝發現國庫裏沒有現錢給大臣發薪水，只得聽從建議，用國庫中「下西洋」帶回的香木（製香料的原料）折價代替。幸而有精明的商人廉價收購，使大臣們換到現金。設身處地，大臣們能再支持下西洋嗎？

總之，張騫的成就的確偉大，但這是時代的產物。而中國古代缺少張騫這樣的人物，也是時代的局限所致，不能苛責前人。這就是我讀《史記·大宛列傳》的一點體會。　■

# 敦煌壁畫

## 中西歷史與文化的萬象

### 李曼吟

1985年春天出生，擅長設計與繪畫，對於美好生活存在無限憧憬。
喜愛插畫是因為它既淺又深的寬廣度，足以填補生命與靈魂中大大小小的縫隙。

# 中西交響

「器樂合樂圖」局部
東晉酒泉 丁家閘五號壁畫墓
（墓室壁畫共8.64公尺）

本畫出土於酒泉丁家匣五號壁畫墓前室，據今約一千六百多年，為東晉時期畫作。全墓壁畫分五層，繪天上、人間、地下三界，並有神話傳說、民間故事與祥瑞之兆等圖案。其中人間界占兩層，反映墓室主人生前行樂之景、出遊之趣，以及當地農耕、蓄牧、交通、庖廚、宴飲等百態。壁畫中，四人手持之樂器分別為箏、琵琶、簫及細腰鼓。

酒泉位於古代涼州，此地前後有前涼、後涼、北涼、西涼等國家建立，也是絲路的必經之地。簫與箏屬於中國自古而有的樂器，腰鼓則是由印度傳來，畫中琵琶則應該為中西融合之樂器。琵琶於秦漢時期即有，但當時中土的琵琶琴身為圓形，琴柄較直，稱「直項琵琶」；現今所見呈半梨形的琵琶，則是魏晉時期由西域傳來，琴柄有弧度，稱「曲項琵琶」。壁畫中之琵琶為半梨形，應是中西融合後產生的曲項琵琶。

全畫樂師使用的樂器涵蓋了來自中土及西域、印度等地，展現出西域地區於音樂上的交流。

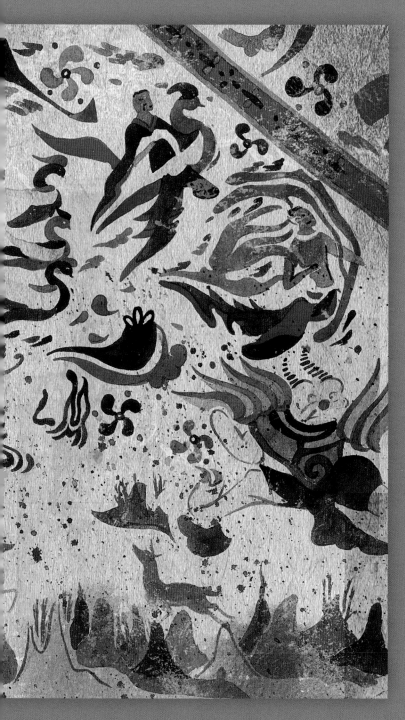

# 漫天神佛

「西王母圖」
北魏 敦煌 莫高窟第249窟
（尺寸不詳）

畫中西王母駕著鳳車出行，前有仙人引路，旁有神獸隨行兩側，身後旌旗飄揚，氣勢浩蕩。除了南頂的西王母壁畫之外，北頂東王公壁畫亦為同樣形式，頗顯兩人巡天之威儀。而249窟之東頂為力士捧摩尼珠、西頂為阿修羅立於須彌山，兩者皆為佛教題材。

敦煌壁畫雖然以佛教繪畫居多，但亦有發現道教壁畫及經典。一般認為道教興起於東漢末期，於魏晉時逐漸傳入河西地區。而敦煌出土道教木簡及249窟南、北頂之西王母、東王公壁畫，證實了道教已傳播至敦煌地區。

由佛道融合的敦煌249窟可以證實，敦煌地區不但廣興佛教，道教亦早已流傳至敦煌地區，而佛道融合的壁畫更顯現中國宗教融合釋道之特色。

# 商旅駄運

「西域商隊圖」局部
隋 敦煌 莫高窟第420窟
（7.60×2公尺）

此幅壁畫描繪了西域商隊行程的艱辛。商隊啟程前，先行祈禱以求平安，然而在翻山越嶺時，滿載貨物的駱駝與馬卻不慎墜入山崖下，或是因病難以前行。進入峽谷後又遇強盜洗劫，錢財貨物皆被搶空，幸好商人們口誦觀世音菩薩的名號，終於獲救。全幅生動的繪出西域商隊行路之艱辛，也顯現絲綢之路上商業貿易情景。據考證，壁畫內容雖為佛經《觀世音菩薩普門品》故事，但其中的商隊應是以當時善於經商的粟特人為範本而繪。粟特為西域小國，史籍中稱其後裔為「昭武九姓」。漢時建有「康安」等國家，至隋唐兩代粟特已是絲綢之路上商貿非常繁榮的一個民族，也是佛教、祆教、摩尼教、景教、回教等宗教文化之交會地。當時許多舶來品，如獵豹、波斯犬等動物、胡粉等物資，都是粟特人從西方各國轉運來到中原。粟特商隊通常結伴而行，少則數十人，多則數百人，並帶有武器以自保。而本幅畫正反映了隋代敦煌地區的商業交流。

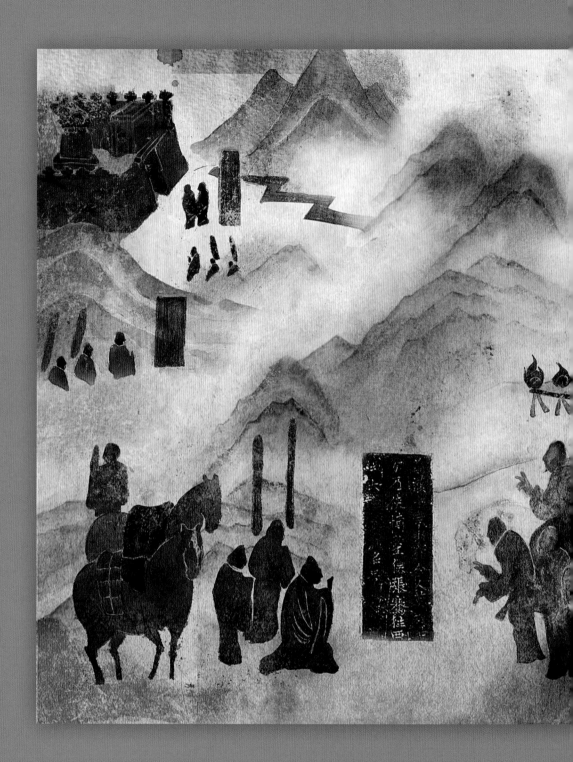

# 疆域突破

「張騫出使西域圖」
初唐 敦煌 莫高窟第323窟
（尺寸不詳）

「張騫出使西域」的壁畫畫面
共分三組：右上角的圖像為霍
去病擊敗匈奴後，帶回兩個金
人，漢武帝並建造「甘泉宮」
供奉金人。雖然武帝時常帶領
群臣祭祀，但卻不知道金人的
名號，於是遣張騫出使西域詢
問。

畫面的下方為張騫一行人拜別
漢武帝，立於馬上的漢武帝，
身旁與身後有群臣環侍，張騫
則於馬前下跪拜別武帝，形象
真切感人。

左上方為張騫翻山越嶺，歷經
艱辛，終於來到大夏國城外，
城內佛寺臨立，城外有僧人迎
接張騫隊伍。

張騫出使西域是歷史上開拓疆
域的一大壯舉，漢朝從此開始
了與西方諸國在文化、政治與
經濟上的來往，在中西交通史
上占有舉足輕重的意義。本幅
畫雖為佛教故事，淡化了張騫
出西域之政治目的轉為宗教目
的，但在刻畫張騫鑿空西域的
歷史上依舊有極重要的地位，
也見證了漢代在中西地理上的
拓展。

「女供養人圖」
十三世紀 西夏 榆林窟第29窟（91×96公分）

「都督夫人禮佛圖」局部
盛唐 敦煌 莫高窟第130窟 (尺寸不詳)

# 流行風尚

「女供養人圖」中的供養人為瓜、沙兩州官員眷屬，她們的衣著展現了西夏貴族婦女服裝形式。三人頭戴金珠冠，僅插一釵，不似漢人以大量的金釵、步搖等頭飾點綴，身穿窄袖開衩長袍，袍身較窄，兩側開衩較高，露出下穿的百褶長裙，足穿尖鉤履。

「唐代女供養人圖」，又稱「都督夫人禮佛圖」，為敦煌郡太守之妻，系出名門，為唐代望族太原王氏。因修建130窟大佛時，王氏捐獻大筆善款，因此她與女兒、侍女的畫像皆被繪於130窟中。畫中王氏一行人的妝容正是典型的唐代婦女衣著，大袖襦裙，並可見有明衣薄紗披肩，衣飾圖案以花為主，頭飾則以大量鈿釵、花鳥裝飾，臉繪寬眉、桃花妝，或有面靨。

西夏（1032-1227）為黨項族所建立的王朝，他們最早居住在今天的西藏、青海、四川等省區的交界地區。此幅西夏女供養人約繪於十三世紀，當時西夏王國占領瓜、沙二州，於此之前，當地為回鶻政權，因此畫中西夏婦女衣著亦融入了回鶻特色。由西夏婦女衣著強調窄袖、高衩等便於行動的風格，與中原地區所流行的大袖寬袍及繁複裝飾相較之下，確實較有胡風樸質便利的特色，也可見中原流行與西域之差異。

# 異族崛起

## 「吐蕃贊普出行圖」
### 中唐 敦煌 莫高窟第159窟
（68.5×114.5公分）

此幅畫的創作背景為佛經《維摩詰經》。維摩詰居士稱病不起，由於其善於雄辯，佛之弟子竟無人敢前往探視，最後由「智慧第一」的文殊菩薩接下任務。眾菩薩與各族王子深知兩人相見必有一場精采辯論，便紛紛前往圍觀，成為《維摩詰經》最饒富珠璣與趣味的一段。

畫中「各族王子」是依唐代中亞與西北地區的居民與外國使者為範本進行繪製，每人的髮型、服飾、面貌、膚色各有不同特色，應包含了吐蕃、突厥、回鶻、康居等地區的人。而畫中央之王子，是當時統治敦煌地區的吐蕃贊普（君王），他頭戴高帽、長袖寬袍，腰間配一短刀，正是吐蕃人的妝束。641年唐太宗把文成公主許配給吐蕃贊普松贊干布，因為這段和親關係，中國的許多物資和生產技術始入西藏。而此幅壁畫顯現了中唐歷經「安史之亂」的摧殘後，無力鞏固敦煌地區，而使吐蕃占領統治的一段歷史，以及敦煌當地各族群交流之景況。

# 領土回歸

**「張議潮出行圖」前段**
**晚唐 敦煌 莫高窟第156窟**
**（全幅長8.55公尺）**

此幅壁畫分為前中後三段。前段以軍隊、舞樂等儀仗隊為導引，兩側是身穿盔甲、手持兵器，騎於馬背上的士兵。中間有樂隊數人，應是演奏琵琶、簫、笛等樂器，也有人打腰鼓與大鼓。還有樂舞伎等數人翩翩起舞，顯現張議潮軍隊出行之威儀場面。

唐代自安史之亂後，國力衰微，對於敦煌地區的掌控權逐漸失落。此後吐蕃崛起，占領敦煌地區長達約七十年，直至晚唐張議潮趁吐蕃內亂，率眾於敦煌起義，而後受到唐朝招撫，於沙州設歸義軍，並命張議潮為歸義軍首領，從此敦煌正式走入張議潮時代。

「張議潮出行圖」不單是讓後世了解歸義軍之軍隊形制，更見證了晚唐五代敦煌地區政治的演變。也因張議潮收復敦煌政權，使得中西交流之路不致於中斷，亦為張議潮對歷史之貢獻。

大佛光之寺

# 建築形象

「五台山圖」局部
晚唐五代 敦煌 莫高窟第61窟
（5×13.5公尺）

五台山壁畫畫出了山西太原由
五台山至河北鎮州八百多里範
圍內的山川形勢，當中還包括
村莊城鎮、寺廟殿塔等建築。
壁畫不僅保存唐代寺廟之形
制，連山旁小道香客們朝佛光
寺前進之情景亦清晰可見。五
台山上有「河北道」，是東南
方登山必經之地。而晚唐五代
前來的香客，大都是經由此處
前往佛光寺。

五台山是唐代五大名山之一，
亦是文殊菩薩的道場。在中國
建築史上，這幅壁畫有著重要
的意義。民初時建築學者梁思
成來到敦煌考察，於61窟中
初見本幅五台山壁畫，而山西
省五台山佛光寺之建造題記為
唐大中十一年（857年），兩
者相互對照，建築結構竟為一
樣。不但證實敦煌壁畫保存了
唐代建築的完整形制，亦證明
五台山佛光寺為當時國內唯一
僅存的唐代寺廟建築。

敦煌61窟壁所繪的唐代寺
廟，不但印證晚唐五代西域佛
教與五台山佛教的文化交流，
亦可見證建築形制之遠播。

# 原典選讀

司馬遷 原著

葛劍雄 翻譯

# 史記
## 卷一百二十三
## 大宛列傳

大宛①之跡，②見自張騫。張騫，漢中人。③建元中為郎。是時天子問匈奴降者，皆言匈奴破月氏王，④以其頭為飲器，⑤月氏遁逃而常怨仇匈奴，無與共擊之。漢方欲事滅胡，聞此言，因欲通使。道必更匈奴中，⑥乃募能使者。騫以郎應募，使月氏，與堂邑氏故胡奴甘父⑦俱出隴西。經匈奴，⑧匈奴得之，傳詣單于。單于留之，曰：「月氏在吾北，漢何以得往使？吾欲使越，漢肯聽我乎？」留騫十餘歲，與妻，有子，然騫持漢節不失。

大宛的情況，是通過張騫才了解的。張騫，是漢中郡人，在建元年間擔任郎官。當時，天子（漢武帝）詢問匈奴歸降的人，都說匈奴攻殺月氏王後，用他的頭顱製成飲酒的器具。月氏人雖然逃避遷徙了，但始終對匈奴充滿怨仇，卻沒有人與他們一起打擊匈奴。漢朝正想消滅匈奴，天子聽了這些話，就想派遣使者與月氏聯絡。但出使月氏必須通過匈奴控制區，於是下令徵募能出使的人。張騫以郎官身分應募，受命出使月氏，與堂邑縣的胡奴甘父一起由隴西郡出發。經過匈奴時，匈奴人扣留了他們，押送到單于那裏。單于說：「月氏在我的北邊，漢朝怎麼能往那兒派使者？如果我想派使者到南越去，漢朝能答應我嗎？」於是將他們扣留了。張騫被留十餘年，匈奴配給他妻子，生了兒子，但

張騫一直保持著漢朝的使節。


【三家注】

①《索隱》：音菀，又於袁反。

②《正義》：《漢書》云：「大宛國去長安萬二千五百五十
里，東至都護治，西南至大月氏，南亦至大月氏，北至康
居。」《括地志》云：「率都沙那國亦名蘇對沙那國，本漢
大宛國。」

③《索隱》：陳壽《益部耆舊傳》云：「騫，漢中成固人。」

④《正義》：氏音支。涼、甘、肅、瓜、沙等州，本月氏國
之地。《漢書》云「本居敦煌、祁連閒」是也。

⑤《集解》：韋昭曰：「飲器，椑榼也。單于以月氏王頭為
飲器。」晉灼曰：「飲器，虎子之屬也。或曰飲酒器也。」
《索隱》：椑音白迷反。榼音苦盍反。案：謂今之偏榼也。
《正義》：《漢書·匈奴傳》云：「元帝遣車騎都尉韓昌、
光祿大夫張猛與匈奴盟，以老上單于所破月氏王頭為飲器
者，共飲血盟。」

⑥《索隱》：更，經也。音羹。

⑦《集解》：駰案《漢書音義》曰：「堂邑氏姓胡奴，甘父
字。」《索隱》案：謂堂邑縣人家胡奴名甘父也。下云「堂
邑父」者，蓋後史家從省，唯稱「堂邑父」而略「甘」
字。甘，或其姓號。

⑧《索隱》：謂道經匈奴也。

居匈奴中，益寬，騫因與其屬亡鄉月氏，西走數十日至大宛。大宛聞漢之饒財，欲通不得，見騫，喜，問曰：「若欲何之？」騫曰：「為漢使月氏，而為匈奴所閉道。今亡，唯王使人導送我。誠得至，反漢，漢之賂遺王財物不可勝言。」大宛以為然，遣騫，①為發導驛，抵康居，②康居傳致大月氏。③大月氏王已為胡所殺，立其太子為王。④既臣大夏而居，⑤地肥饒，少寇，志安樂，又自以遠漢，殊無報胡之心。騫從月氏至大夏，竟不能得月氏要領。⑥

在匈奴住得久了，對他的監視逐漸放鬆，張騫找機會帶著他的部屬逃亡，繼續向月氏進發，往西走了數十天到達大宛。大宛早就聽說漢朝的富饒，想聯繫卻沒有途徑，見到張騫後喜出望外，問：「你要往哪裏去？」張騫回答：「我替漢朝出使月氏，被匈奴人截在途中。現在逃亡出來，只有大王能派嚮導送我去。要是我能到達，又能回到漢朝，漢朝會送給您數不清的財物。」大宛王信了他的話，派出嚮導與翻譯，將張騫送至康居，康居又將他送到大月氏。大月氏王被匈奴殺後，其太子已立為王。月氏王征服大夏後已定居，當地土地肥沃富饒，很少外敵，想過安樂生活，又感到離漢朝太遠，根本沒有報匈奴之仇的意願。張騫從月氏到達大夏，竟

不能從月氏王那裏得到要領。


【三家注】

①《索隱》：謂大宛發遣騫西也。

②《索隱》：發導，謂發驛令人導引而至康居也。導音道。抵，至也。居音渠。《正義》：抵，至也。居，其居反。《括地志》云：「康居國在京西一萬六百里。其西北可二千里有奄蔡，酒國也。」

③《正義》：此大月氏在大宛西南，於媯水北為王庭。《漢書》云：「去長安萬一千六百里。」

④《集解》：徐廣曰：「一云夫人為王，夷狄亦或女主。」《索隱》：案《漢書·張騫傳》云「立其夫人為王」也。

⑤《索隱》：既臣大夏而君之。謂月氏以大夏為臣，而為之作君也。《正義》：既，盡也。大夏國在媯水南。

⑥《集解》：駰案《漢書音義》曰：「要領，要契。」《索隱》：小顏以為要，衣要；領，衣領。凡持衣者必執要與領。言騫不能得月氏意趣，無以持歸於漢。劉氏云「不得其要害」，然頗是其意，於文字為疏者也。

留歲餘，還，並南山，①欲從羌中歸，②復為匈奴所得。留歲餘，單于死，③左谷蠡王攻其太子自立，國內亂，騫與胡妻及堂邑父俱亡歸漢。漢拜騫為太中大夫，堂邑父為奉使君。④

張騫在那裏逗留一年多，只能返回。他們沿著南山（祁連山南段）而行，想穿過羌人地區返國，但又被匈奴人俘獲。被扣一年多後，單于去世，左谷蠡王進攻太子後自立為單于，國內大亂，張騫帶著匈奴妻子及堂邑父（胡奴甘父）一起歸漢。漢朝封張騫為太中大夫，封堂邑父為奉使君。

【三家注】
①《正義》：並，白浪反。南山即連終南山，從京南東至華山，過河東北連延至海，即中條山也。從京南連接至蔥嶺萬餘里，故云「並南山」也。《西域傳》云「其南山東出金城，與漢南山屬焉」。
②《正義》：《說文》云：「羌，西方牧羊人也。南方蠻閩從虫，北方狄從犬，東方貊從豸，西方羌從羊。」
③《集解》：徐廣曰：「元朔三年。」
④《索隱》：堂邑父之官號。

騫為人彊力，寬大信人，蠻夷愛之。堂邑父故胡人，善射，窮急射禽獸給食。初，騫行時百餘人，去十三歲，唯二人得還。

騫身所至者大宛、大月氏、大夏、康居，而傳聞其旁大國五六，具為天子言之曰：

大宛在匈奴西南，在漢正西，去漢可萬里。其俗土著，耕田，田稻麥。有蒲陶酒。多善馬，[①]馬汗血，其先天馬子也。[②]有城郭屋室。其屬邑大小七十餘城，眾可數十萬。其兵弓矛騎射。其北則康居，西則大月氏，西南則大夏，東北則烏孫，東則扜罙[③]、于寘。[④]于寘之西，則水皆西流，注西海；其東水東流，注鹽澤。[⑤]鹽澤潛行地下，其南則河源出焉。[⑥]多玉石，河注中國。而樓蘭、姑師[⑦]邑有城郭，臨鹽澤。鹽澤去長安可五千里。匈奴右方居鹽澤以東，至隴西長城，南接羌，鬲漢道焉。


張騫身材高大，孔武有力，為人寬大，待人誠信，深受匈奴等胡人的愛戴。堂邑父原來是胡人，射術高明，張騫一行食物耗盡時就靠他射殺禽獸當糧食。張騫出發時有百餘人，外出十三年，只有他與堂邑父兩人能夠返回。

張騫親自到達的有大宛、大月氏、大夏、康居，又從傳聞得知它們相鄰的五六個大國，他詳細地向天子奏報：

大宛在匈奴西南，在漢朝正西方，離漢朝有上萬里。當地的習俗是定居，建有城郭和房屋，從事農耕，種稻和麥。產葡萄酒。盛產好馬，馬出的汗像血一樣，最早的品種是天馬所生。大宛所轄的聚落有大小七十餘城，民眾有數十萬。大宛的武器主要是弓和矛，用於騎兵和射擊。它的北面是康居，西面是大月氏，西南是大夏，東北是烏孫，東面是扜罙和于寶。于寶之西的河流都往西流，注入西海；它以東的河流都往東流，注入鹽澤。鹽澤的水潛流在地下，在它的南面流出地面，就是黃河源，然後流入中國。當地盛產玉石。樓蘭、姑師的聚落都有城郭，離鹽澤不遠。鹽澤離長安有五千里。匈奴的右方在鹽澤以東，直到隴西的長城，南面與羌接壤，隔斷了漢朝往西的交通路線。

【三家注】

①《索隱》：案《外國傳》云「外國稱天下有三眾：中國人眾，大秦寶眾，月氏馬眾」。

②《集解》：駰案《漢書音義》曰：「大宛國有高山，其上有馬不可得，因取五色母馬置其下，與交，生駒汗血，因號曰天馬子。」

③《集解》：徐廣曰：「《漢紀》曰拘彌國去于寶三百里。」《索隱》：扜罙，國名也，音汙彌。《漢紀》謂荀悅所譔《漢紀》。拘音俱，彌即罙也，則拘彌與扜罙同是一名也。

④《索隱》：寶音田，又音殿。

⑤《索隱》：鹽水也。《太康地記》云「河北得水為河，塞外得水為海」也。《正義》：《漢書》云：「鹽澤去玉門、陽關

三百餘里，廣袤三四百里。其水皆潛行地下，南出於積石山為中國河。」《括地志》云：「蒲昌海一名泑澤，一名鹽澤，亦名輔日海，亦名穿蘭，亦名臨海，在沙州西南。玉門關在沙州壽昌縣西六里。」

⑥《索隱》：案《漢書·西域傳》云「河有兩源，一出蔥嶺，一出于寘」。《山海經》云「河出崑崙東北隅」。郭璞云「河出崑崙，潛行地下，至蔥嶺山于寘國，復分流歧出，合而東注泑澤，已而復行積石，為中國河」。泑澤即鹽澤也，一名蒲昌海。《西域傳》云「一出于闐南山下」，與郭璞注《山海經》不同。《廣志》云「蒲昌海在蒲類海東」也。

⑦《正義》：二國名。姑師即車師也。

烏孫在大宛東北可二千里，行國，①隨畜，與匈奴同俗。控弦者數萬，敢戰。故服匈奴，及盛，取其羈屬，不肯往朝會焉。

　　烏孫在大宛的東北約二千里，屬不定居的行國，人口隨畜牧遷徙，習俗與匈奴相同。能夠彎弓射箭的人有數萬，勇於戰鬥。以前服從匈奴，等自己強大後，只保持原來的關係，卻不願再去朝會。

【三家注】
①《集解》：徐廣曰：「不土著。」

康居在大宛西北可二千里，行國，與月氏大同俗。控弦者八九萬人。與大宛鄰國。國小，南羈事月氏，東羈事匈奴。

奄蔡[1]在康居西北可二千里，行國，與康居大同俗。控弦者十餘萬。臨大澤，無崖，蓋乃北海云。

康居在大宛西北約二千里，屬不定居的行國，習俗與月氏大致相同。能夠彎弓射箭的有八九萬人。與大宛相鄰。由於國小，南面臣服於月氏，東面臣服於匈奴。

奄蔡在康居西北約二千里，屬不定居的行國，與康居的習俗大致相同。能夠彎弓射箭的有十餘萬人。面臨無邊的大湖，應該就是北海。

【三家注】

[1]《正義》：《漢書解詁》云：「奄蔡即闔蘇也。」《魏略》云：「西與大秦通，東南與康居接。其國多貂，畜牧水草，故時羈屬康居也。」

大月氏①在大宛西可二三千里，居嬀水北。其南則大夏，西則安息，北則康居。行國也，隨畜移徙，與匈奴同俗。控弦者可一二十萬。故時彊，輕匈奴，及冒頓立，攻破月氏，至匈奴老上單于，殺月氏王，以其頭為飲器。始月氏居敦煌、祁連閒，②及為匈奴所敗，乃遠去，過宛，西擊大夏而臣之，遂都嬀水北，為王庭。其餘小眾不能去者，保南山羌，號小月氏。

大月氏在大宛西面約二三千里，位於嬀水（今阿姆河）北岸。它南面是大夏，西面是安息，北面是康居。屬不定居的行國，人口隨畜牧遷徙，與匈奴習俗相同。能夠彎弓射箭的有一二十萬人。以往一度強大，輕視匈奴。等匈奴的冒頓立為單于後，攻破月氏。到匈奴老上單于在位時，殺了月氏王，將他的頭顱製為飲器。月氏原來處於敦煌和祁連山之間，到被匈奴打敗後，只能做長途遷移，越過（大）宛，西去擊敗並臣服了大夏，在嬀水以北建了都城，作為王居住的場所。其餘沒有能西遷的小部落退入南山羌地，稱為小月氏。

【三家注】

① 《正義》：萬震《南州志》云：「在天竺北可七千里，地高燥而遠。國王稱『天子』，國中騎乘常數十萬匹，城郭宮殿與大秦國同。人民赤白色，便習弓馬。土地所出，及奇

瑋珍物，被服鮮好，天竺不及也。」康泰《外國傳》云：「外國稱天下有三眾：中國為人眾，秦為寶眾，月氏為馬眾也。」

②《正義》：初，月氏居敦煌以東，祁連山以西。敦煌郡今沙州。祁連山在甘州西南。

安息①在大月氏西可數千里。其俗土著，耕田，田稻麥，蒲陶酒。城邑如大宛。其屬小大數百城，地方數千里，最為大國。臨媯水，有市，民商賈用車及船，行旁國或數千里。以銀為錢，錢如其王面，②王死輒更錢，效王面焉。畫革旁行以為書記。③其西則條枝，北有奄蔡、黎軒。④

安息在大月氏西面有數千里。當地的習俗定居，從事農耕，種稻和麥，產葡萄酒。城邑與大宛相仿，所屬有大小數百座城，轄境方圓數千里，是（西域）最大的國。瀕臨媯水，有市場，居民透過車和船從事商業活動，經營範圍遠達數千里外的國家。用銀鑄為貨幣，幣面有國王的頭像。國王死了就得更換錢幣，因為幣面必須用在位國王的頭像。文書橫寫在皮革上。安息的西面是條支，北面有奄蔡、黎軒。

【三家注】

①《正義》：《地理志》云：「安息國京西萬一千二百里。自西關西行三千四百里至阿蠻國，西行三千六百里至斯賓國，從斯賓南行度河，又西南行至于羅國九百六十里，安息西界極矣。自此南乘海乃通大秦國。」《漢書》云：「北康居，東烏弋山離，西條枝。國臨媯水。土著。以銀為錢，如其王面，王死輒更錢，效王面焉。」

②《索隱》：《漢書》云：「文獨為王面，幕為夫人面。」荀悅云：「幕音漫，無文面也。」張晏云：「錢之文面作人乘

馬，錢之幕作人面形。」韋昭曰：「幕，錢背也，音漫。」
包愷：音慢。

③《集解》：《漢書音義》曰：「橫行為書記。」《索隱》：畫音
獲。小顏云：「革，皮之不柔者。」韋昭云：「外夷書皆旁
行，今扶南猶中國，直下也。」

④《索隱》：《漢書》作「犁靬」。《續漢書》一名「大秦」。
按：三國並臨西海，《後漢書》云「西海環其國，惟西北
通陸道」。然漢使自烏弋以還，莫有至條枝者。《正義》：
上力奚反。下巨言反，又巨連反。《後漢書》云：「大秦一
名犁鞬，在西海之西，東西南北各數千里。有城四百餘
所。土多金銀奇寶，有夜光璧、明月珠、駭雞犀、火浣
布、珊瑚、琥珀、琉璃、瑯玕、朱丹、青碧，珍怪之物，
率出大秦。」康氏《外國傳》云：「其國城郭皆青水精為
礎，及五色水精為壁。人民多巧，能化銀為金。國土市買
皆金銀錢。」萬震《南州志》云：「大家屋舍，以珊瑚為
柱，琉璃為牆壁，水精為礎舄。海中斯調洲上有木，冬月
往剝取其皮，績以為布，極細，手巾齊數匹，與麻焦布無
異，色小青黑，若垢污欲浣之，則入火中，便更精潔，
世謂之火浣布。秦云定重參問門樹皮也。」《括地志》云：
「火山國在扶風南東大湖海中。其國中山皆火，然火中有
白鼠皮及樹皮，績為火浣布。《魏略》云大秦在安息、條
支西大海之西，故俗謂之海西。從安息界乘船直載海西，
遇風利時三月到，風遲或一二歲。其公私宮室為重屋，郵
驛亭置如中國。從安息繞海北陸到其國，人民相屬，十里
一亭，三十里一置。無盜賊。其俗人長大平正，似中國人
而胡服。宋膺《異物志》云秦之北附庸小邑，有羊羔自
然生於土中，候其欲萌，築牆繞之，恐獸所食。其臍與地
連，割絕則死。擊物驚之，乃驚鳴，臍遂絕，則逐水草為
群。又大秦金二枚，皆大如瓜，植之滋息無極，觀之如
用則真金也。」《括地志》云：「小人國在大秦南，人纔三
尺。其耕稼之時，懼鶴所食，大秦衛助之。即焦僥國，其
人穴居也。」

條枝在安息西數千里，臨西海。暑溼。耕田，田稻。有大鳥，卵如甕。①人眾甚多，往往有小君長，而安息役屬之，以為外國。國善眩。②安息長老傳聞條枝有弱水、西王母，而未嘗見。③

　　條支在安息西面數千里，面臨西海。氣候炎熱而潮溼，從事農耕，種稻。有大鳥，所產卵像甕那麼大。人口眾多，往往有各自的部落首領或實際統治者。被安息所控制使喚，當作外國。國中流行雜技。安息的長老傳說條枝有弱水和西王母，但誰也沒有見過。

【三家注】

①《正義》：《漢書》云：「條支出師子、犀牛、孔雀、大雀，其卵如甕。和帝永元十三年，安息王滿屈獻師子、大鳥，世謂之『安息雀』。」《廣志》云：「鳥，鶵鷹身，蹄駱，色蒼，舉頭八九尺，張翅丈餘，食大麥，卵大如甕。」

②《集解》：應劭曰：「眩，相詐惑。」《正義》：顏云：「今吞刀、吐火、殖瓜、種樹、屠人、截馬之術皆是也。」

③《索隱》：《魏略》云：「弱水在大秦西。」《玄中記》云：「天下之弱者，有崑崙之弱水，鴻毛不能載也。」《山海經》云：「玉山，西王母所居。」《穆天子傳》云：「天子觴西王母瑤池之上。」《括地圖》云：「崑崙弱水非乘龍不至。有三足神鳥，為王母取食。」《正義》：此弱水、西王母既是安息長老傳聞而未曾見，《後漢書》云桓帝時大秦國王安敦遣使自日南徼外來獻，或云其國西有弱水、流沙，近西王母處，幾於日所入也。然先儒多引《大荒西經》云弱水云有二源，俱出女國北阿耨達山，南流會於女國東，去國

一里，深丈餘，闊六十步，非毛舟不可濟，南流入海。阿
耨達山即崑崙山也，與《大荒西經》合矣。然大秦國在西
海中島上，從安息西界過海，好風用三月乃到，弱水又在
其國之西。崑崙山弱水流在女國北，出崑崙山南。女國在
于闐國南二千七百里。于闐去京凡九千六百七十里。計大
秦與大崑崙山相去幾四五萬里，非所論及，而前賢誤矣。
此皆據漢《括地》論之，猶恐未審，然弱水二所說皆有
也。

大夏在大宛西南二千餘里媯水南。其俗土著，有城屋，與大宛同俗。無大王長，往往城邑置小長。其兵弱，畏戰。善賈市。及大月氏西徙，攻敗之，皆臣畜大夏。大夏民多，可百餘萬。其都曰藍市城，有市販賣諸物。其東南有身毒國。①

大夏在大宛西南二千餘里的媯水南岸。當地的習俗定居，有城郭和住房，與大宛的習俗相同。沒有能夠控制全境的統治者，各城邑往往有自己的首領。他們的兵力很弱，害怕打仗。大月氏西遷後將大夏擊敗，當作臣民對待。大夏人口多，達百餘萬。大夏的首都名藍市城，城內有商賈販賣各種貨物。它東南面有身毒國。

【三家注】

① 《集解》：徐廣曰：「身，或作『乾』，又作『訖』。」《索隱》：身音乾，毒音篤。孟康云：「即天竺也，所謂浮圖胡也。」《正義》：一名身毒，在月氏東南數千里。俗與月氏同，而卑溼暑熱。其國臨大水，乘象以戰。其民弱於月氏。脩浮圖道，不殺伐，遂以成俗。土有象、犀、玳瑁、金、銀、鐵、錫、鉛。西與大秦通，有大秦珍物。明帝夢金人長大，頂有光明，以問群臣。或曰：「西方有神，名曰『佛』，其形長丈六尺而黃金色。」帝於是遣使天竺問佛道法，遂至中國，畫形像焉。萬震《南州志》云：「地方三萬里，佛道所出。其國王居城郭，殿皆雕文刻鏤。街曲市里，各有行列。左右諸大國凡十六，皆共奉之，以天地之中也。」《浮屠經》云：「臨兒國王生隱屠太子。父曰

屠頭邪，母曰莫邪屠。身色黃，髮如青絲，乳有青色，爪赤如銅。始莫邪夢白象而孕，及生，從母右脅出。生有髮，墮地能行七步。」又云：「太子生時，有二龍王夾左右吐水，一龍水暖，一龍水冷，遂成二池，今猶一冷一暖。初行七步處，琉璃上有太子腳跡見在。生處名祇洹精舍，在舍衛國南四里，是長者須達所起。又有阿輸迦樹，是夫人所攀生太子樹也。」《括地志》云：「沙祇大國即舍衛國也，在月氏南萬里，即波斯匿王治處。此國共九十種。知身後事。城有祇樹給孤園。」又云：「天竺國有東、西、南、北、中央天竺國，國方三萬里，去月氏七千里。大國隸屬凡二十一。天竺在崑崙山南，大國也。治城臨恆水。」又云：「阿耨達山亦名建末達山，亦名崑崙山。水出，一名拔扈利水，一名恆伽河，即經稱恆河者也。自崑崙山以南，多是平地而下溼。土肥良，多種稻，歲四熟，留役駝馬，米粒亦極大。」又云：「佛上忉利天，為母說法九十日。波斯匿王思欲見佛，即刻牛頭旃檀象，置精舍內佛坐。此像是眾像之始，後人所法也。佛上天青梯，今變為石，沒入地，唯餘十二蹬，蹬閒二尺餘。彼耆老言，梯入地盡，佛法滅。」又云：「王舍國，胡語曰罪悅祇國。其國靈鷲山，胡語曰耆闍崛山。山是青石，石頭似鷲。鳥名耆闍，鷲也。崛，山石也。山周四十里，外周圍水，佛於此坐禪，及諸阿難等俱在此坐。」又云：「小孤石，石上有石室者，佛坐其中，天帝釋以四十二事問佛，佛一一以指畫石，其跡尚存。又於山上起塔，佛昔將阿難在此上山四望，見福田疆畔，因制七條衣割截之法於此，今袈裟衣是也。」

騫曰：「臣在大夏時，見邛竹杖、蜀布。①問曰：
『安得此？』大夏國人曰：『吾賈人往市之身毒。
身毒在大夏東南可數千里。其俗土著，大與大夏
同，而卑溼暑熱云。其人民乘象以戰。其國臨大
水焉。』②以騫度之，大夏去漢萬二千里，居漢西
南。今身毒國又居大夏東南數千里，有蜀物，此其
去蜀不遠矣。今使大夏，從羌中，險，羌人惡之；
少北，則為匈奴所得；從蜀宜徑，③又無寇。」天
子既聞大宛及大夏、安息之屬皆大國，多奇物，土
著，頗與中國同業，而兵弱，貴漢財物；其北有大
月氏、康居之屬，兵彊，可以賂遺設利朝也。且誠
得而以義屬之，則廣地萬里，重九譯，④致殊俗，
威德遍於四海。天子欣然，以騫言為然，乃令騫因
蜀犍為⑤發閒使，四道並出：出駹，出冄，⑥出徙，
⑦出邛、僰，⑧皆各行一二千里。其北方閉氏、筰，
⑨南方閉巂、昆明。⑩昆明之屬無君長，善寇盜，輒
殺略漢使，終莫得通。然聞其西可千餘里有乘象
國，名曰滇越，⑪而蜀賈姦出物者或至焉，於是漢
以求大夏道始通滇國。初，漢欲通西南夷，費多，
道不通，罷之。及張騫言可以通大夏，乃復事西南
夷。

張騫報告道：「臣在大夏時，見到有邛地的竹杖
和蜀地的布，問：『怎麼得到這些？』大夏國人說：

『我們的商人從身毒買來的。身毒在大夏東南有數千里。那裏的習俗也是定居，大致與大夏相同，但低窪潮溼又炎熱。那裏的人騎著象作戰。身毒國面臨大海。』我估計，大夏離漢朝一萬二千里，居漢朝西南。而身毒國又位於大夏東南數千里，有蜀地的特產，離蜀地應該不遠。現在要去大夏，如果從羌人地區通過，很艱險，羌人又怨恨。稍往北走，就會被匈奴人俘獲。如果從蜀地走就比較方便，又沒有敵人。」天子聽說大宛、大夏、安息等都是大國，物產珍異，習俗定居，產業與中國相似，兵力弱小，喜愛漢朝的財物。它們的北方有大月氏、康居等國，兵力強，可以通過財物收買造成對漢朝有利的形勢。再說，如果能說服它們服從漢朝，疆域可以擴大萬里，讓必須通過多重翻譯、風俗習慣完全不同的人都包括進來，使漢朝的威德遍及四海。天子欣然肯定張騫的建議，令張騫以蜀郡和犍為郡為基地，派使者從駹、冉、徙、邛和僰分四路秘密出發，各自深入一二千里。但他們在北方被筰、氐擋住，南方被嶲、昆明等部族所封鎖。昆明等部族缺乏有控制力的統治者，擅長搶劫，動不動就對漢使搶劫或殺害，始終無法找到這些道路。但聽說它們的西面一千多里處有乘象國，名為滇越，有些走私商人從蜀地到達那裏，於是漢朝尋求通大夏的道路連通到滇地。此前，漢朝為了開闢西南夷地區，

花費巨大，還是無法開通，只能停止築路工程。等
張騫說可以通向大夏，又重新啟動在西南夷的工
程。


【三家注】

①《正義》：邛都邛山出此竹，因名「邛竹」。節高實中，或
　　寄生，可為杖。布，土蘆布。

②《正義》：大水，河也。

③《集解》：如淳曰：「徑，疾也。或曰徑，直。」

④《正義》：言重重九遍譯語而致。

⑤《正義》：犍，其連反。犍為郡今戎州也，在益州南一千
　　餘里。

⑥《正義》：茂州、向州等，冄、駹之地，在戎州西北也。

⑦《集解》：徐廣曰：「屬漢嘉。」《索隱》：李奇云：「徙音斯。
　　蜀郡有徙縣也。」

⑧《正義》：僰，蒲北反。徙在嘉州；邛，今邛州；僰，今
　　雅州：皆在戎州西南也。

⑨《集解》：服虔曰：「皆夷名，漢使見閉於夷也。」《索隱》：
　　韋昭云：「筰縣在越嶲，音昨。」案：南越破後殺筰侯，
　　以筰都為沈黎郡，又有定筰縣。《正義》：氐，今成州及
　　武等州也。筰，白狗羌也。皆在戎州西北也。

⑩《正義》：嶲州及南昆明夷也，皆在戎州西南。

⑪《集解》：徐廣曰：「一作『城』。」《正義》：昆、郎等州
　　皆滇國也。其西南滇越、越嶲則通號越，細分而有嶲、滇
　　等名也。

騫以校尉從大將軍擊匈奴，知水草處，軍得以不乏，乃封騫為博望侯。①是歲元朔六年也。其明年，騫為衛尉，與李將軍俱出右北平擊匈奴。匈奴圍李將軍，軍失亡多；而騫後期當斬，贖為庶人。是歲漢遣驃騎破匈奴西城數萬人，至祁連山。其明年，渾邪王率其民降漢，而金城、河西西並南山至鹽澤空無匈奴。匈奴時有候者到，而希矣。其後二年，漢擊走單于於幕北。

張騫以校尉的身分隨從大將軍（衛青）進攻匈奴，他了解哪裏有水草，使部隊得以避免困乏，因而被封為博望侯，那是在元朔六年。次年，張騫任衛尉，與將軍李廣一起從右北平出發進攻匈奴。匈奴包圍了李將軍，部隊逃亡和損失很大，而張騫沒有在規定的期限到達，根據軍法當判斬首，以自己的侯爵贖罪，被赦免為庶人。當年漢朝又派驃騎將軍（霍去病）攻破匈奴和西域的數萬人，直到祁連山。第二年，渾邪王率領他的部眾投降漢朝，金城、河西以西，以及南山至鹽澤間的匈奴已被肅清，雖然不時還有匈奴派出的偵探，次數也越來越稀少。此後第二年，漢朝的軍隊將單于驅逐至漠北。

【三家注】

①《索隱》：案：張騫封號耳，非地名。小顏云「取其能博廣瞻望」也。尋武帝置博望苑，亦取斯義也。《正義》：《地理志》南陽博望縣。

是後天子數問騫大夏之屬。騫既失侯，因言曰：「臣居匈奴中，聞烏孫王號昆莫，昆莫之父，匈奴西邊小國也。匈奴攻殺其父，[1]而昆莫生棄於野。烏嗛肉蜚其上，[2]狼往乳之。單于怪以為神，而收長之。及壯，使將兵，數有功，單于復以其父之民予昆莫，令長守於西城。昆莫收養其民，攻旁小邑，控弦數萬，習攻戰。單于死，昆莫乃率其眾遠徙，中立，不肯朝會匈奴。匈奴遣奇兵擊，不勝，以為神而遠之，因羈屬之，不大攻。今單于新困於漢，而故渾邪地空無人。蠻夷俗貪漢財物，今誠以此時而厚幣賂烏孫，招以益東，居故渾邪之地，與漢結昆弟，其勢宜聽，聽則是斷匈奴右臂也。既連烏孫，自其西大夏之屬皆可招來而為外臣。」天子以為然，拜騫為中郎將，將三百人，馬各二匹，牛羊以萬數，齎金幣帛直數千巨萬，多持節副使，道可使，使遺之他旁國。

此後天子幾次召張騫問起大夏等國的情況。張騫已經失去侯爵，乘機進言：「臣在匈奴時，聽說烏孫王稱為昆莫。昆莫的父親是匈奴西邊的小國王。匈奴來烏孫，殺了他父親，昆莫一生下來就被遺棄在野外，烏銜了肉放在他嘴邊，狼給他餵乳。單于感到神奇，將他收養撫育。到了壯年，使昆莫帶兵，多次立功，單于將他父親的部族交還給他，命

令昆莫率領他們駐守西城。昆莫收養這些部族，攻取周邊的小城，聚集了數萬能夠彎弓射箭的部屬，演習進攻戰術。單于死後，昆莫率領他的部眾向遠處遷徙，對匈奴保持中立，不肯再參加朝會。匈奴曾派軍隊突然襲擊，沒有取勝，認為他得到神助，只能加以疏遠，同時加以籠絡，不再採取大的軍事行動。現在單于剛被漢朝打敗，原來渾邪王控制的區域空無一人。像烏孫那樣的蠻夷一般都貪圖漢朝的財物，如果真在此時用豐厚的財物拉攏烏孫，招引它向東遷至原渾邪王的區域，與漢朝結為兄弟關係，它勢必聽從。只要烏孫聽從，就等於斷了匈奴的右臂。一旦與烏孫結盟，對它以西的大夏等國都可以招引來作為漢朝的外臣。」天子肯定他的建議，拜他為中郎將，給他配了三百隨從，每人備兩匹馬，帶上數萬頭牛羊和價值數千上萬的金幣和絲織品。還委任了多位持有使節的副使，讓張騫在沿途根據需要派往相鄰各國。

【三家注】
① 《索隱》：按《漢書》，父名難兜靡，為大月氏所殺。
② 《集解》：徐廣曰：「讀『嗛』與『銜』同。《酷吏傳》『義縱不治道，上忿銜之』，《史記》亦作『嗛』字。」《索隱》：嗛音銜。蜚亦「飛」字。

騫既至烏孫，烏孫王昆莫見漢使如單于禮，騫大慚，知蠻夷貪，乃曰：「天子致賜，王不拜則還賜。」昆莫起拜賜，其他如故。騫諭使指曰：「烏孫能東居渾邪地，則漢遣翁主為昆莫夫人。」烏孫國分，王老，而遠漢，未知其大小，素服屬匈奴日久矣，且又近之，其大臣皆畏胡，不欲移徙，王不能專制。騫不得其要領。昆莫有十餘子，其中子曰大祿，彊，善將眾，將眾別居萬餘騎。大祿兄為太子，太子有子曰岑娶，而太子蚤死。臨死謂其父昆莫曰：「必以岑娶為太子，無令他人代之。」昆莫哀而許之，卒以岑娶為太子。大祿怒其不得代太子也，乃收其諸昆弟，將其眾畔，謀攻岑娶及昆莫。昆莫老，常恐大祿殺岑娶，予岑娶萬餘騎別居，而昆莫有萬餘騎自備，國眾分為三，而其大總取羈屬昆莫，昆莫亦以此不敢專約於騫。

騫因分遣副使使大宛、康居、大月氏、大夏、安息、身毒、于寘、扞采及諸旁國。烏孫發導譯送騫還，騫與烏孫遣使數十人，馬數十匹報謝，因令窺漢，知其廣大。

騫還到，拜為大行，列於九卿。歲餘，卒。

烏孫使既見漢人眾富厚，歸報其國，其國乃益重漢。其後歲餘，騫所遣使通大夏之屬者皆頗與其人俱來，[1]於是西北國始通於漢矣。然張騫鑿空，[2]其後使往者皆稱博望侯，以為質於外國，[3]外國由此

信之。

　　張騫到達烏孫後，昆莫王以對待單于的禮節召見他。張騫倍感恥辱，十分不滿。他認為蠻夷都貪婪，就說：「天子所賜財物，如果大王不跪拜接受，我只能帶回去。」昆莫起身拜謝賞賜，但其他禮節照舊。張騫派人告訴他：「如果烏孫能東遷至渾邪的地方，漢朝就會送公主來給昆莫當夫人。」但昆莫已將本國分治，自己年老，離漢朝遠，不知道它的大小，而一向服從匈奴久了，又離得近，他的大臣都害怕匈奴，不願意遷移，昆莫也無法獨斷專行。張騫不得要領。昆莫有十餘個兒子，他的次子名大祿，實力強大，善於帶領部眾，率萬餘騎兵駐守在其他地方。大祿的哥哥是太子，太子有兒子名岑娶，但太子本人早死了。太子臨終時對父親說：「必須以岑娶為太子，別讓其他人取代。」昆莫可憐他就答應了，最終立岑娶為太子。大祿對自己不能代太子感到憤怒，聚集各兄弟，帶領他們的部眾對抗，企圖進攻岑娶及昆莫。昆莫年老，一直恐怕大祿會殺岑娶，分給岑娶萬餘騎兵遷居其他地方，昆莫自己有萬餘騎兵守衛，國內部眾一分為三，雖然大局還由昆莫掌握，但他也不敢代表全國與張騫訂約。

　　於是張騫分別派副使至大宛、康居、大月氏、身

毒、于寘、扜罙及相鄰各國。烏孫派嚮導和翻譯送張騫歸國，張騫讓烏孫的使者數十人帶著烏孫答謝漢朝的數十匹馬一起回來，讓他們見識一下漢朝，了解它的遼闊疆域。

回到漢朝後，張騫被拜為大行令，位列九卿，一年多後去世。

烏孫的使者看到漢朝人口眾多，特產豐富，返回後報告國王，從此烏孫國更加重視漢朝。此後一年多，張騫所派往大夏等國的使者帶了不少各國使者來漢朝，於是西北各國才與漢朝有了交往。由於張騫開闢了通往西域的道路，以後出使西域的使者都以博望侯的名義，以取信於外國，外國也因此而信任他們。

【三家注】

①《集解》：晉灼曰：「其國人。」

②《集解》：蘇林曰：「鑿，開；空，通也。騫開通西域道。」
《索隱》：案：謂西域險阨，本無道路，今鑿空而通之也。

③《集解》：如淳曰：「質，誠信也。博望侯有誠信，故後使稱其意以喻外國。」李奇曰：「質，信也。」

自博望侯騫死後，匈奴聞漢通烏孫，怒，欲擊之。及漢使烏孫，若①出其南，抵大宛、大月氏相屬，烏孫乃恐，使使獻馬，願得尚漢女翁主為昆弟。天子問群臣議計，皆曰「必先納聘，然後乃遣女」。初，天子發書《易》，②云「神馬當從西北來」。得烏孫馬好，名曰「天馬」。及得大宛汗血馬，益壯，更名烏孫馬曰「西極」，名大宛馬曰「天馬」云。而漢始築令居以西，③初置酒泉郡以通西北國。因益發使抵安息、奄蔡、黎軒、條枝、身毒國。而天子好宛馬，使者相望於道。諸使外國一輩大者數百，少者百餘人，人所齎操大放博望侯時。其後益習而衰少焉。漢率一歲中使多者十餘，少者五六輩，遠者八九歲，近者數歲而反。

　　自從博望侯張騫死後，匈奴得知漢朝聯絡烏孫，很憤怒，企圖出兵攻擊。到漢朝的使者到達烏孫，又不斷從它南面到達大宛、大月氏，烏孫害怕得罪匈奴，派使者向漢朝獻馬，表示願意與漢朝公主結婚，與漢朝結盟。天子召群臣商議對策，大家都說：「烏孫必須先納聘禮，然後才能讓公主動身。」此前天子曾用《易經》占卜，結果是「神馬當從西北來」。烏孫送來的馬很好，命名為「天馬」。到大宛送來了汗血馬，比烏孫馬更加健壯，於是將烏孫馬更名為「西極」，將大宛馬命名為「天馬」。

漢朝開始修築令居以西的邊防設施,設置酒泉郡以
聯繫西北各國,又派使者前往安息、奄蔡、黎軒、
條支、身毒國。天子喜愛大宛的馬,護送馬的使者
絡繹不絕。一支出使外國的團隊多者數百人,少者
百餘人,帶去的物品的規格大致與張騫時相同。此
後對國外情況更加了解,使者的規模與物品的規格
有所減少。每年漢朝派出的使團一般多者十餘個,
少者五六個,路遠的八九年往返,近的也要數年後
才能回來。

【三家注】
①《集解》:徐廣曰:「《漢書》作『及』,若意義亦及也。」
②《集解》:《漢書音義》曰:「發《易》書以卜。」
③《集解》:徐廣曰:「屬金城。」

是時漢既滅越，而蜀、西南夷皆震，請吏入朝。①於是置益州、越巂、牂柯、沈黎、汶山郡，欲地接以前通大夏。①乃遣使柏始昌、呂越人等歲十餘輩，出此初郡②抵大夏，皆復閉昆明，為所殺，奪幣財，終莫能通至大夏焉。於是漢發三輔罪人，因巴蜀士數萬人，遣兩將軍郭昌、衛廣等往擊昆明之遮漢使者，③斬首虜數萬人而去。其後遣使，昆明復為寇，竟莫能得通。而北道酒泉抵大夏，使者既多，而外國益厭漢幣，不貴其物。

當時漢朝滅了南越，蜀地和西南的夷人首領都受到震驚，請求派人至長安朝見。於是朝廷設置益州、越巂、牂柯、沈黎、汶山郡，希望這些地區連接起來，再往前就能通向大夏。接著每年派遣柏始昌、呂越人等十餘批人，從這些初設的郡出發往大夏，都被昆明阻隔，人員被殺，財物被奪，始終無法通往大夏。於是朝廷徵發（京兆、左馮翊、右扶風）三輔轄區內的罪犯，加上巴、蜀兩地的士兵數萬人，由郭昌、衛廣兩位將軍率領，去攻打昆明那些阻擋漢使的人，殺死或俘虜了數萬人而來。此後再派遣使者，昆明依然阻擋搶劫，最終也沒有開通往大夏的路線。而北面的道路通過酒泉到達大夏，使者一多，外國不再稀罕漢朝的財寶，貨物也不那麼珍貴了。

【三家注】

①《集解》：李奇曰：「欲地界相接至大夏。」

②《索隱》：初郡，謂越嶲、汶山等郡。謂之「初」者，後背叛而併廢之也。

③《集解》：徐廣曰：「元封二年。」

自博望侯開外國道以尊貴，其後從吏卒皆爭上書言外國奇怪利害，求使。天子為其絕遠，非人所樂往，聽其言，予節，募吏民毋問所從來，為具備人眾遣之，以廣其道。來還不能毋侵盜幣物，及使失指，天子為其習之，輒覆案致重罪，以激怒令贖，復求使。使端無窮，而輕犯法。其吏卒亦輒復盛推外國所有，言大者予節，言小者為副，故妄言無行之徒皆爭效之。其使皆貧人子，私縣官齎物，欲賤市以私其利外國。外國亦厭漢使人人有言輕重，①度漢兵遠不能至，而禁其食物以苦漢使。漢使乏絕積怨，至相攻擊。而樓蘭、姑師小國耳，②當空道，攻劫漢使王恢等尤甚。③而匈奴奇兵時時遮擊使西國者。使者爭遍言外國災害，皆有城邑，兵弱易擊。於是天子以故遣從驃侯破奴將屬國騎及郡兵數萬，至匈河水，欲以擊胡，胡皆去。其明年，擊姑師，破奴與輕騎七百餘先至，虜樓蘭王，遂破姑師。因舉兵威以困烏孫、大宛之屬。還，封破奴為浞野侯。④王恢⑤數使，為樓蘭所苦，言天子，天子發兵令恢佐破奴擊破之，封恢為浩侯。⑥於是酒泉列亭鄣至玉門矣。⑦

自從博望侯因為通西域而立功受封，那些曾經跟隨他出使的官吏和士兵爭著上書天子，描述外國奇異的特產和財富，請求出使。天子考慮到這些地

方極其遙遠，一般人是不願去的，都聽從他們的建議，授予使節，也不管他們從哪裏募集來的隨從和人員，替他們裝備後派遣出去，以擴大對外聯繫。這些人回來時，免不了有貪污或侵占公家財物的行為，或者沒有達到出使的目的，天子為了使他們樂此不疲，動輒嚴厲查處判定重罪，逼得他們只能要求再次出使，將功贖罪。出使者無窮無盡，都不把犯法當一回事。連他們的隨員和士兵都誇大外國所有，吹得厲害的會被授予使節，差一點的也能當個副使，以致胡說八道的傢伙與小人無賴都爭著仿效。那些使者都是窮人家出身，貪圖公家的財物，到了外國都想將帶去的物品賤賣掉，將錢財納入私囊。外國也很討厭不同的漢使之間的說法輕重懸殊，估計漢朝的軍隊離得遠，鞭長莫及，就禁止給漢使供應食物，造成他們的困難。漢使缺乏供應，對當地的積怨爆發，以致發動攻擊。樓蘭、姑師雖然只是小國，卻地處交通要道，對漢使王恢等的襲擊和搶劫尤其嚴重。匈奴的小股軍隊也經常出沒，以突然襲擊阻攔打擊西行的使者。使者爭先恐後地報告外國發生災害，又都有聚居的城市，兵力弱，容易攻擊。因此天子派從驃侯破奴率領屬國的騎兵和地方部隊數萬人出擊，到達匈河水，準備進攻匈奴，匈奴人都跑了。第二年，襲擊姑師，破奴與七百餘輕騎兵先到達，俘虜樓蘭王，攻克姑師。漢

軍兵威所及，使烏孫、大宛等不敢輕舉妄動。漢軍返回後，天子封破奴為浞野侯。王恢多次出使，都受樓蘭欺負，報告天子後，天子發兵，讓王恢協助破奴擊破樓蘭，封王恢為浩侯。於是從酒泉開始修築的亭障延伸到玉門關。

【三家注】

①《集解》：服虔曰：「漢使言於外國，人人輕重不實。」如淳曰：「外國人人自言數為漢使所侵易。」

②《集解》：徐廣曰：「即車師。」

③《集解》：徐廣曰：「恢，一作『怪』。」

④《集解》：徐廣曰：「元封三年。」

⑤《集解》：徐廣曰：「為中郎將。」

⑥《集解》：徐廣曰：「捕得車師王，元封四年封浩侯。」

⑦《集解》：韋昭曰：「玉門關在龍勒界。」《索隱》：韋昭云：「玉門，縣名，在酒泉。又有玉關，在龍勒也。」《正義》：《括地志》云：「沙州龍勒山在縣南百六十五里。玉門關在縣西北百一十八里。」

烏孫以千匹馬聘漢女，漢遣宗室女江都翁主①往妻烏孫，烏孫王昆莫以為右夫人。匈奴亦遣女妻昆莫，昆莫以為左夫人。昆莫曰「我老」，乃令其孫岑娶妻翁主。烏孫多馬，其富人至有四五千匹馬。

烏孫用一千匹馬來聘漢朝的姑娘，朝廷以宗室江都王的女兒為翁主下嫁，被烏孫王昆莫立為右夫人。匈奴也送一位姑娘給昆莫為妻，昆莫立為左夫人。昆莫說：「我老了」，命其孫子岑娶娶了漢朝翁主。烏孫盛產馬匹，那裏的富人甚至能擁有四五千匹馬。

【三家注】
①《集解》：《漢書》曰：「江都王建女。」

初，漢使至安息，安息王令將二萬騎迎於東界。東界去王都數千里。行比至，過數十城，人民相屬甚多。漢使還，而後發使隨漢使來觀漢廣大，以大鳥卵及黎軒善眩人①獻于漢。及宛西小國驩潛、大益，宛東姑師、扜罙、蘇薤之屬，皆隨漢使獻見天子。天子大悅。

此前漢使到達安息時，安息王命將士率二萬騎兵至東界迎接。東界離開王都有數千里。漢使快到王都時，經過數十座城市，人口眾多而稠密。漢使返回時，安息也派使者隨同了解漢朝的遼闊疆域，以大鳥蛋和善演雜技的黎軒人獻給漢朝。大宛以西的小國如驩潛、大益，大宛東面的姑師、扜罙、蘇薤等，都隨同漢使來朝見天子，貢獻禮品，天子龍顏大悅。

【三家注】
①《索隱》：韋昭云：「眩人，變化惑人也。」按《魏略》云「犁靬多奇幻，口中吹火，自縛自解」。小顏亦以為植瓜等也。

漢使窮河源，河源出于寘，其山多玉石，采來，
①天子案古圖書，名河所出山曰崑崙云。

漢使追尋到了黃河的源頭，河源出在于寘，那
裏山上盛產玉石，他們採集回來。天子查閱古代圖
書，將黃河源所在的山命名為崑崙。

【三家注】
①《集解》：瓚曰：「漢使采取，將持來至漢。」

是時上方數巡狩海上，乃悉從外國客，大都多人則過之，散財帛以賞賜，厚具以饒給之，以覽示漢富厚焉。於是大觳抵，出奇戲諸怪物，多聚觀者，行賞賜，酒池肉林，令外國客遍觀（各）倉庫府藏之積，見漢之廣大，傾駭之。及加其眩者之工，而觳抵奇戲歲增變，甚盛益興，自此始。

西北外國使，更來更去。宛以西，皆自以遠，尚驕恣晏然，未可詘以禮羈縻而使也。自烏孫以西至安息，以近匈奴，匈奴困月氏也，匈奴使持單于一信，則國國傳送食，不敢留苦；及至漢使，非出幣帛不得食，不市畜不得騎用。所以然者，遠漢，而漢多財物，故必市乃得所欲，然以畏匈奴於漢使焉。宛左右以蒲陶為酒，富人藏酒至萬餘石，久者數十歲不敗。俗嗜酒，馬嗜苜蓿。漢使取其實來，於是天子始種苜蓿、蒲陶肥饒地。及天馬多，外國使來眾，則離宮別觀旁盡種蒲萄、苜蓿極望。自大宛以西至安息，國雖頗異言，然大同俗，相知言。其人皆深眼，多鬚髯，善市賈，爭分銖。俗貴女子，女子所言而丈夫乃決正。其地皆無絲漆，不知鑄錢器。①及漢使亡卒降，教鑄作他兵器。得漢黃白金，輒以為器，不用為幣。

當時天子正進行多次海上巡狩，都讓外國來賓隨從。在經過大城市和人口多的地方時，給他們發

放財帛作為賞賜，安排充足舒適的食宿條件，以顯示漢朝的富庶和積聚充足。準備了各種富有特色的演出，像大觳抵之類，吸引他們觀看，當場發給賞賜，布置了酒池肉林，供任意享用。還命令外國來賓參觀國庫和官府倉庫中的積聚，讓他們能體會漢朝出乎其想像的遼闊和強大，使他們受到震驚和威懾。為了進一步加強這種效果，各種表演每年都要更新變化，從此越來越興盛。

西北各國的使者，一次次地往返。大宛以西各國自以為離漢朝遠，態度驕橫，依然如故，沒有辦法用制度約束它們，用財物籠絡它們。從烏孫以西到安息之間各國，因為靠近匈奴，而匈奴又打敗過月氏，所以只要匈奴使者拿著單于的一封信，各國就得招待食宿，相互迎送，不敢滯留怠慢。可是漢朝的使者去了，不拿出財物就得不到飲食，不買牲畜就得不到乘騎。之所以會如此，因為漢朝離得遠，漢使又有的是財物，必須花了錢才能得到。它們對匈奴人就很害怕，不敢像對漢使那樣。大宛一帶都用葡萄釀酒，富人儲藏的酒多至萬餘石，可儲存幾十年不變質。一般人都嗜酒，馬慣於吃苜蓿。漢使帶回葡萄和苜蓿的種子，於是天子下令將葡萄和苜蓿種在肥沃的土地上。等到天馬數量增加，外國使者紛紛到達時，離宮別館周圍已經遍種葡萄、苜蓿，一望無際。從大宛以西到安息，各國的語言

雖有差異，但風俗習慣大致相同，便於通話。那裏的人多是深眼窩，唇邊和兩鬢長滿鬍鬚，善於做買賣，錙銖必較。當地風俗婦女的地位高，男人得根據女人的話做決斷。那裏的土地不產蠶絲和漆，當地人不會鑄造金屬器具，漢朝的使者或逃亡的士兵去後才教他們鑄造武器。獲得漢朝的黃金白銀後，都用來製作器皿，而不是製作錢幣。

【三家注】
①《集解》：徐廣曰：「多作『錢』字，又或作『鐵』字。」

而漢使者往既多，其少從率多進熟於天子，①言曰：「宛有善馬在貳師城，匿不肯與漢使。」天子既好宛馬，聞之甘心，使壯士車令等持千金及金馬以請宛王貳師城善馬。宛國饒漢物，相與謀曰：「漢去我遠，而鹽水中數敗，②出其北有胡寇，出其南乏水草。又且往往而絕邑，乏食者多。漢使數百人為輩來，而常乏食，死者過半，是安能致大軍乎？無奈我何。且貳師馬，宛寶馬也。」遂不肯予漢使。漢使怒，妄言，③椎金馬而去。宛貴人怒曰：「漢使至輕我！」遣漢使去，令其東邊郁成遮攻殺漢使，取其財物。於是天子大怒。諸嘗使宛姚定漢等言宛兵弱，誠以漢兵不過三千人，彊弩射之，即盡虜破宛矣。天子已嘗使浞野侯攻樓蘭，以七百騎先至，虜其王，以定漢等言為然，而欲侯寵姬李氏，拜李廣利為貳師將軍，發屬國六千騎，及郡國惡少年數萬人，以往伐宛。期至貳師城取善馬，故號「貳師將軍」。趙始成為軍正，故浩侯王恢使導軍，④而李哆⑤為校尉，制軍事。是歲太初元年也。而關東蝗大起，蜚西至敦煌。

等漢朝的使者去得多了，隨員中一些人一有機會就對天子說：「大宛有好馬藏在貳師城，不願交給漢使。」天子已經喜愛大宛的馬，聽了後動了心念，派壯士車令等帶了千兩黃金和金鑄的馬向大宛

王要貳師城的好馬。大宛國已有不少漢朝的財物，君臣一起商議對策：「漢朝離我們很遠，漢使往返鹽澤時多次遇險。他們若想繞過鹽澤，從北面走有匈奴的襲擊，往南面走缺乏水草。而且沿途往往沒有聚落，得不到食物供應。漢使數百成群地來，途中經常挨餓，死者過半，像這樣怎麼能派大軍來呢？奈何不了我們。況且貳師城的馬是大宛的寶馬！」於是決定不給漢使。漢使發怒，對著他們大罵一頓，將金馬擊碎，揚長而去。大宛的貴族大怒：「漢使污辱我們！」讓漢使離境，命令本國東部邊境的郁成攔截漢使，將他們殺害，奪了他們所帶財物。天子聞訊後大怒。曾經出使過大宛的姚定漢等說大宛的兵力弱，只要以不超過三千的漢兵用強弩射擊，就能將大宛兵打敗俘虜。天子曾派涩野侯進攻樓蘭，有七百騎兵突襲就俘虜了它的國王，認為姚定漢等的話有理。天子還想讓寵妃李夫人的弟弟李廣利能有機會封侯，就拜李廣利為貳師將軍，徵發屬國的六千騎兵，以及各地的「惡少年」（不安分而好鬥的青年）數萬人，討伐大宛。天子期待能到貳師城得到好馬，因此以「貳師將軍」為稱號。派趙始成為軍正，令前浩侯王恢當全軍嚮導，李哆任校尉，掌管軍事。這一年是太初元年，當年關東爆發大範圍蝗災，蝗蟲向西一直飛到敦煌。

【三家注】

①《集解》：《漢書音義》曰：「少從，不如計也。或云從行之微者也。進熟，美語如成熟者也。」

②《集解》：服虔曰：「水名，道從外水中〔行〕。」如淳曰：「道絕遠，無穀草。」《正義》：孔文祥云：「鹽，鹽澤也。言水廣遠，或致風波，而數敗也。」裴矩《西域記》云：「在西州高昌縣東，東南去瓜州一千三百里，並沙磧之地，水草難行，四面危，道路不可準記，行人唯以人畜骸骨及駝馬糞為標驗。以其地道路惡，人畜即不約行，曾有人於磧內時聞人喚聲，不見形，亦有歌哭聲，數失人，瞬息之閒不知所在，由此數有死亡。蓋魑魅魍魎也。」

③《集解》：如淳曰：「罵詈。」

④《集解》：徐廣曰：「恢先受封，一年，坐使酒泉矯制，國除。」

⑤《索隱》：音尺奢反，又尺者反。

貳師將軍軍既西過鹽水，當道小國恐，各堅城守，不肯給食。攻之不能下。下者得食，不下者數日則去。比至郁成，士至者不過數千，皆飢罷。攻郁成，郁成大破之，所殺傷甚眾。貳師將軍與哆、始成等計：「至郁成尚不能舉，況至其王都乎？」引兵而還。往來二歲。還至敦煌，士不過什一二。使使上書言：「道遠多乏食；且士卒不患戰，患飢。人少，不足以拔宛。願且罷兵，益發而復往。」天子聞之，大怒，而使使遮玉門，曰軍有敢入者輒斬之！貳師恐，因留敦煌。

其夏，漢亡浞野之兵二萬餘於匈奴。①公卿及議者皆願罷擊宛軍，專力攻胡。天子已業誅宛，宛小國而不能下，則大夏之屬輕漢，而宛善馬絕不來，烏孫、侖頭易苦漢使矣，②為外國笑。乃案言伐宛尤不便者鄧光等，赦囚徒材官，益發惡少年及邊騎，歲餘而出敦煌者六萬人，負私從者不與。牛十萬，馬三萬餘匹，驢騾橐它以萬數。多齎糧，兵弩甚設，天下騷動，傳相奉伐宛，凡五十餘校尉。宛王城中無井，皆汲城外流水，於是乃遣水工徙其城下水空以空其城。③益發戍甲卒十八萬，酒泉、張掖北，置居延、休屠以衛酒泉，④而發天下七科適，⑤及載糒給貳師。轉車人徒相連屬至敦煌。而拜習馬者二人為執驅校尉，備破宛擇取其善馬云。

貳師將軍的大軍往西過了鹽澤後，沿途的小國都很恐慌，各自閉城堅守，不願供給食物，漢軍攻城不克。攻下了才能獲得食物，攻不下的只能在幾天後撤離。士兵能到達的不過數千，都飢乏交迫。漢軍進攻郁成，被郁成大敗，傷亡嚴重。貳師將軍與李哆、趙始成等商議：「連郁成也攻不下，何況到它的王都呢？」就率領軍隊退回。往來花了二年時間，回到敦煌的士兵不過十分之一二。派使者向天子上書報告：「路途遙遠，缺乏糧食。士兵不怕打仗，就怕挨餓。兵力太少，不足以攻克大宛。希望暫停軍事行動，增加兵力後再去。」天子得知消息後震怒，派使者去擋在玉門關，宣布軍人中有敢入關的當場斬首！貳師將軍不敢進關，留在敦煌。

當年夏天，浞野侯所率漢軍二萬餘人在進攻匈奴時全隊覆沒。公卿與參加商議的臣子都要求撤銷進攻大宛的行動，全力進攻匈奴。天子已經發動對大宛的攻勢，卻連這樣的小國都攻不下，那麼大夏等國必定會輕視漢朝，大宛的好馬絕不會得到，烏孫、侖頭等國更會為難漢使，讓外國恥笑。於是查處當初力主進攻大宛不利的鄧光等人，赦免囚徒和材官，徵發更多的「惡少年」和邊區的騎兵，一年餘間從敦煌出發的有六萬人，將士所帶的私人隨從還未統計在內。出動牛十萬頭、馬三萬餘匹，驢子、騾子、駱駝等數以萬計。攜帶的糧食充足，武

器弓箭齊備，引起天下騷動，相傳出動了五十多位校尉討伐大宛。大宛的王城中沒有水井，要從城外的河裏取水，於是派水利部隊將河流改道，以斷絕城中的水源。又增加徵發十八萬已在服役的甲卒，在酒泉和張掖郡的北面設置了居延、休屠二縣，以加強對酒泉的防衛。還徵發了全國七種有罪名或特殊身分的人從軍服役，運送供應貳師將軍的糧食和裝備，運輸的車輛和人員絡繹不絕，直到敦煌。還找了兩位熟知馬習性的人封為執驅校尉，準備在攻破大宛後讓他們挑選好馬。

【三家注】
①《集解》：徐廣曰：「太初二年，趙破奴為浚稽將軍，二萬騎擊匈奴，不還也。」
②《集解》：晉灼曰：「易，輕也。」
③《集解》：徐廣曰：「空，一作『穴』。蓋以水蕩敗其城也。言『空』者，令城中渴乏。」
④《集解》：如淳曰：「立二縣以衛邊也。或曰置二部都尉，以衛酒泉。」
⑤《正義》：音讁。張晏云：「吏有罪一，亡命二，贅婿三，賈人四，故有市籍五，父母有市籍六，大父母有籍七：凡七科。武帝天漢四年，發天下七科讁出朔方也。」

於是貳師後復行，兵多，而所至小國莫不迎，出食給軍。至侖頭，侖頭不下，攻數日，屠之。自此而西，平行至宛城，漢兵到者三萬人。宛兵迎擊漢兵，漢兵射敗之，宛走入葆乘其城。貳師兵欲行攻郁成，恐留行而令宛益生詐，乃先至宛，決其水源，移之，則宛固已憂困。圍其城，攻之四十餘日，其外城壞，虜宛貴人勇將煎靡。宛大恐，走入中城。宛貴人相與謀曰：「漢所為攻宛，以王毋寡匿善馬而殺漢使。今殺王毋寡而出善馬，漢兵宜解；即不解，乃力戰而死，未晚也。」宛貴人皆以為然，共殺其王毋寡，持其頭遣貴人使貳師，約曰：「漢毋攻我。我盡出善馬，恣所取，而給漢軍食。即不聽，我盡殺善馬，而康居之救且至。至，我居內，康居居外，與漢軍戰。漢軍熟計之，何從？」是時康居候視漢兵，漢兵尚盛，不敢進。貳師與趙始成、李哆等計：「聞宛城中新得秦人，知穿井，而其內食尚多。所為來，誅首惡者毋寡。毋寡頭已至，如此而不許解兵，則堅守，而康居候漢罷而來救宛，破漢軍必矣。」軍吏皆以為然，許宛之約。宛乃出其善馬，令漢自擇之，而多出食食給漢軍。漢軍取其善馬數十匹。中馬以下牡牝三千餘匹，而立宛貴人之故待遇漢使善者名昧蔡①以為宛王，與盟而罷兵。終不得入中城。乃罷而引歸。

於是貳師將軍在稍後重新出征，由於兵多，小國沒有不出來迎接的，還拿出糧食供應漢軍。到達侖頭時，侖頭不投降，幾天後被漢軍攻克，實行屠城。由此往西，一路順利，漢軍三萬人兵臨宛城。大宛兵離城迎擊漢軍，被漢兵射箭擊敗，退入城中，依城固守。貳師的軍隊想去攻打郁成，怕因戰事停留，使大宛人再行使計謀，於是先進兵宛城，決開城外的水源河流，將水引走，城內的大宛人陷入困境，憂心忡忡。漢軍包圍大宛城，攻打了四十餘天，外城牆被攻破，俘虜了大宛地位很高的勇將煎靡。大宛人十分恐慌，退入中城。大宛的高官一起商議：「漢朝之所以要進攻我們大宛，就是為了大王毋寡將好馬藏起來並殺害漢使。現在如果殺了毋寡又拿出好馬來，漢兵應該會撤退。就算不撤退，到那時再拚死一戰也不晚。」大宛高官都以為是，一起殺了大宛王毋寡，派一位高官拿了他的頭去見貳師將軍，與他談判：「漢軍不要再進攻我們，我們將拿出全部好馬，隨你們挑選，還給你們補充糧食。要是你們不答應，我們就將好馬全部殺死，康居的救兵也快來了。到那時，我們從城內，康居從城外，共同與漢軍作戰。請漢軍慎重考慮，何去何從？」那時康居兵在偵察漢軍，認為他們兵勢還強大，不敢靠近。貳師將軍與趙始成、李哆等商議：「聽說大宛城內最近請到了秦人，掌握了打

井技術，城內的糧食也還很多。我們這次來的目的，是要殺首惡者毋寡，現在他的頭已經送來了。如果這樣還不同意撤退，對方只能堅守，康居兵正在等漢軍疲勞後來解救大宛，那時肯定會將我們打敗。」軍官們都以為然，就同意了大宛的條件。於是大宛放出好馬，讓漢軍自行挑選，還拿出很多糧食給漢軍。漢軍挑了其中最好的馬數十匹，中等以下的公馬母馬三千餘匹，又立大宛一位以前曾善待漢使名叫昧蔡的高官為大宛王，與他結盟後撤兵。漢軍最終沒有能進入中城，只能撤兵返回。

【三家注】

①《索隱》：本大宛將也。上音末，下音先葛反。

初，貳師起敦煌西，以為人多，道上國不能食，乃分為數軍，從南北道。校尉王申生、故鴻臚壺充國等千餘人，別到郁成。郁成城守，不肯給食其軍。王申生去大軍二百里，偵而輕之，責郁成。郁成食不肯出，窺知申生軍日少，晨用三千人攻，戮殺申生等，軍破，數人脫亡，走貳師。貳師令搜粟都尉上官桀往攻破郁成。郁成王亡走康居，桀追至康居。康居聞漢已破宛，乃出郁成王予桀，桀令四騎士縛守詣大將軍。①四人相謂曰：「郁成王漢國所毒，今生將去，卒失大事。」欲殺，莫敢先擊。上邽騎士趙弟最少，拔劍擊之，斬郁成王，齎頭。弟、桀等逐及大將軍。

當初貳師將軍從敦煌西進時，以為人數太多，沿途各國無法供應糧食，就分為幾支，分別從南北兩條道路進發。校尉王申生、前鴻臚壺充國等千餘人繞到了郁成。郁成閉城守衛，不肯給這支部隊供應糧食。王申生離大軍有二百里，卻輕視郁成，責令他們照辦。郁成還是不肯送糧食出來，又偵察到王申生部隊的人數一天天減少，在一天清晨出動三千人襲擊，殺了王申生等，大破漢軍，只有幾個人得以逃脫，投奔貳師將軍。貳師將軍令搜粟都尉上官桀前往攻破郁成，郁成王逃往康居。上官桀追至康居，康居王得知漢軍已打敗大宛，就將郁成王交給

上官桀，上官桀命令四名騎士縛住郁成王，押送往
貳師將軍處。這四人商議：「郁成王是漢朝所痛恨
的人，現在將他活著押回去，會壞了大事。」想殺
他，又沒有人敢先動手。上邽縣的騎士趙弟年紀最
小，拔劍刺去，殺了郁成王，割下他頭帶著，與上
官桀趕上貳師將軍。

【三家注】
①《集解》：如淳曰：「時多別將，故謂貳師為大將軍。」

初，貳師後行，天子使使告烏孫，大發兵并力擊宛。烏孫發二千騎往，持兩端，不肯前。貳師將軍之東，諸所過小國聞宛破，皆使其子弟從軍入獻，見天子，因以為質焉。貳師之伐宛也，而軍正趙始成力戰，功最多；及上官桀敢深入，李哆為謀計，軍入玉門者萬餘人，軍馬千餘匹。貳師後行，軍非乏食，戰死不能多，而將吏貪，多不愛士卒，侵牟之，以此物故眾。天子為萬里而伐宛，不錄過，封廣利為海西侯。又封身斬郁成王者騎士趙弟為新時侯。軍正趙始成為光祿大夫，上官桀為少府，李哆為上黨太守。軍官吏為九卿者三人，諸侯相、郡守、二千石者百餘人，千石以下千餘人。奮行者官過其望，①以適過行者皆紲其勞。②士卒賜直四萬金。伐宛再反，凡四歲而得罷焉。

當初在貳師將軍出發之前，天子派使者告知烏孫，要求他們大規模發兵與漢朝聯合打擊大宛。烏孫派出二千騎兵，但持觀望態度，不願前進。貳師將軍東歸時，所經過的那些小國得知大宛已被攻破，都派子弟跟隨部隊來漢朝貢獻，朝見天子後，留下當人質。在貳師將軍征伐大宛中，軍正趙始成奮力作戰，功勞最多。上官桀敢於深入，李哆出謀畫策。部隊有萬餘人和軍馬千餘匹回師進入玉門關。貳師將軍的部隊是在先頭部隊做好準備後才出

發的，並不缺糧，戰死在戰場上的人也不多，但將
士與官吏貪贓成性，不愛護士兵，剋扣糧餉，因此
死了很多人。天子因為李廣利萬里遠征大宛，不計
較他的過失，封為海西侯。又封親手斬殺郁成王的
騎士趙弟為新畤侯。封軍正趙始成為光祿大夫，上
官桀為少府，李哆為上黨太守。將領和官員被封為
九卿的三人，諸侯相、郡守、年俸二千石級別官職
的百餘人，年俸一千石以下官職的千餘人。自願從
軍的人所封官職超過了他們自己的期望，而因為本
人罪名或特殊身分被徵發的人即使立了功也得不到
封賞。對士卒的賞賜花了四萬兩黃金。兩次進攻大
宛，經過四年才結束。


【三家注】
①《集解》：《漢書音義》曰：「奮，迅。自樂入行者。」
②《集解》：徐廣曰：「奮行者及以適行者，雖俱有功勞，今
　行賞計其前有罪而減其賜，故曰『絀其勞』也。絀，抑退
　也。此本以適行，故功勞不足重，所以絀降之，不得與奮
　行者齊賞之。」

漢已伐宛，立昧蔡為宛王而去。歲餘，宛貴人以為昧蔡善諛，使我國遇屠，乃相與殺昧蔡，立毋寡昆弟曰蟬封為宛王，而遣其子入質於漢。漢因使使賂賜以鎮撫之。

而漢發使十餘輩至宛西諸外國，求奇物，因風覽以伐宛之威德。而敦煌置①酒泉都尉；②西至鹽水，往往有亭。而侖頭有田卒數百人，因置使者護田積粟，以給使外國者。

漢朝征服大宛後，立昧蔡為大宛王後撤回。一年餘後，大宛的高官認為昧蔡慣於討好漢朝，使我國遭到屠殺，就一起殺了昧蔡，立毋寡的弟弟名蟬封者為大宛王，又送他的兒子到漢朝為人質，漢朝派使者帶去賞賜進行安撫，以保持穩定。

漢朝又派了十幾批使者往大宛以西各國尋求新奇的物產，並宣揚漢朝征服大宛的威力和保存大宛的德行。在敦煌郡設立酒泉都尉，設置的亭障往西直到鹽澤。還在侖頭安置了數百名專門從事耕作的戍卒，派官員常駐管理農田，儲存糧食，以供應往外國的使者。

【三家注】
①《集解》：徐廣曰：「一本無『置』字。」
②《集解》：徐廣曰：「一云『置都尉』。又云敦煌有淵泉縣，或者『酒』字當為『淵』字。」

太史公曰：《禹本紀》言「河出崑崙。崑崙其高二千五百餘里，日月所相避隱為光明也。其上有醴泉、瑤池」。今自張騫使大夏之後也，窮河源，惡睹《本紀》所謂崑崙者乎？①故言九州山川，《尚書》近之矣。至《禹本紀》、《山海經》所有怪物，余不敢言之也。②

太史公評論：《禹本紀》說：「黃河出於崑崙，崑崙的高度有二千五百餘里，太陽和月亮就是被它輪流遮蓋才產生晝夜。它上面有醴泉和瑤池。」自從張騫出使大夏後，已經窮盡黃河源頭，哪裏看到了《禹本紀》所謂的崑崙呢？所以說到九州的山川，《尚書》的內容還差不多。至於《禹本紀》、《山海經》所記錄的怪物，余不敢採錄它們。

【三家注】
①《集解》：鄧展曰：「漢以窮河源，於何見崑崙乎？《尚書》曰『導河積石』，是為河源出於積石，積石在金城河關，不言出於崑崙也。」《索隱》：惡音烏。烏，於何也。睹，見也。言張騫窮河源，至大夏、于寘，於何而見崑崙為河所出？謂《禹本紀》及《山海經》為虛妄也。然案《山海經》「河出崑崙東北隅」。《西域傳》云「南出積石山為中國河」。積石本非河之發源，猶《尚書》「導洛自熊耳」，然其實出於冢嶺山，乃東經熊耳。今推此義，河亦然矣。則河源本崑崙而潛流至于闐，又東流至積石始入中國，則《山海經》及《禹貢》各互舉耳。
②《索隱》：案《漢書》作「所有放哉」。如淳云「放蕩迂

闊，言不可信也」。余敢言也，亦謂《山海經》難可信耳。而荀悅作「效」，失之素矣。

【索隱述贊】大宛之迹，元因博望。始究河源，旋窺海上。條枝西入，天馬內向。蔥嶺無塵，鹽池息浪。曠哉絕域，往往亭障。

# 中國歷代探險家譜系（漢—清）
## Related Explorers

## 張騫

身分：使節（西漢）

經往國家：大宛（烏茲別克斯坦），康居（塔吉克斯坦），大月氏（土庫曼斯坦），大夏（阿富汗）

公元前139年張騫首次出使西域，在前往大月氏國途中遭匈奴俘虜，輾轉十四年後才返回中原。公元前119年，張騫第二次出使西域，前往烏孫國及周邊地區，四年之後返國。至此開通了絲綢之路，促進了中西方的文化交流。

## 甘英

身分：使節（東漢）

經往國家：安息（伊朗）

漢和帝永元九年，奉西域都護班超之命出使大秦，即當時的羅馬帝國。從龜茲出發，經條支、安息等諸國，到達了安息西界的西海沿岸，但並未到達目的地。

## 朱士行

身分：僧人（三國）

經往國家：于闐（新疆和田）

魏元帝景元元年，從雍州（今陝西長安縣西北）出發，到達于闐，得到《大品般若經》原本，抄寫九十章，於晉武帝太康三年派弟子送回洛陽。

## 法顯

身分：僧人（十六國）

經往國家：陀歷（喀什米爾），烏萇、宿呵多、犍陀衛（巴基斯坦），天竺（印度），獅子國（斯里蘭卡）

以六十歲的高齡，結伴十人同行，徒步經西域和中亞國家，抵達天竺求法。之後由東印度乘船至獅子國返回。法顯帶回多部梵本典籍，著有《法顯傳》。

## 玄奘

身分：僧人（唐）

經往國家：天竺（印度）

於貞觀元年，由長安出發西行，越過今日新疆地區，經中亞地區，最後到達印度。645年玄奘返回長安，並帶回多部佛經。著作《大唐西域記》為玄奘遊歷印度、西域十九年間的見聞錄，其中包括了新疆至南印度多個國家的風土人情，提供大量的印度史料。

## 悟空

身分：僧人（唐）

經往國家：天竺（印度）

天寶年間，隨行出使西域，之後因染上疾病而滯留在今日阿富汗至印度一帶。直到身體康復，便束渡信都河，到達今喀什米爾南部，又南下到北天竺、中天竺，在今日印度北部一帶求道。

## 王延德

身分：使節（宋）

經往國家：高昌（新疆吐魯番）

奉命出使西域高昌，歸來後撰《西域使臣記》，是為研究北宋時代高昌國社會情況的重要資料。

## 耶律楚材

身分：中書令（元）

經往國家：訛打剌（哈薩克斯坦），虎思窩魯多（吉爾吉斯斯坦），不花剌、撒麻爾干（烏茲別克斯坦）

契丹族人，受到成吉思汗的重用，隨軍隊出征各處，蒙古帝國的征戰之途也因他的建議，而更加順遂。

## 丘處機

身分：道士（宋末元初）

經往國家：虎思窩魯多（吉爾吉斯斯坦），撒麻爾干（烏茲別克斯坦），塔里寒（阿富汗）

中國金朝末年全真教道士，為金朝和蒙古帝國統治者敬重，並曾遠赴西域勸說成吉思汗減少殺戮，途經今日蒙古、新疆、烏茲別克、吉爾吉斯、阿富汗等地。其弟子李志常把他們在中亞的所見所聞寫成《長春真人西遊記》。

## 鄭和

身分：使節（明）

經往國家：爪哇、蘇門答臘、蘇祿（菲律賓西南群島）、麻六甲（馬來西亞）、暹羅（泰國）、真臘（柬埔寨）、孟加拉榜葛剌（孟加拉）、阿丹（葉門）、天方（麥加）等三十多個國家，最遠達到非洲東岸。

於永樂三年至宣德八年，鄭和前後共七次出使西洋，最遠曾到達非洲東岸。鄭和下西洋可以算是航海事業的顛峰之舉，對於中國和亞洲地區各國家的政治、經濟、文化交流上，作出了巨大的貢獻。

## 郭嵩燾

身分：外交官（清）

經往國家：英國、法國

1876年出使英國，成為中國首任駐英公使。在駐英時期，他參觀了許多工廠、學校和政府機構，也曾參觀了當時剛發明的電話。郭嵩燾把這些見聞寫成《使西紀程》一書，介紹了外國的新制度，並向清政府提出建議。

# 延伸的書、音樂、影像
## Books, Audios & Videos

## 《漢書》（全十二冊）

作者：班固　出版社：中華書局，1962年

《漢書》為中國第一部紀傳體斷代史。沿用《史記》的體例並加以變更，將「書」改為「志」，「列傳」改為「傳」，「本紀」改為「紀」，刪除「世家」。記載從漢高祖六年，到王莽地皇四年，共約230年歷史。全書包括紀十二篇，表八篇，志十篇，傳七十篇，共一百篇。

## 《史記箋證》（全九冊）

作者：韓兆琦　出版社：江西人民，2005年

共分九大卷，以《史記》三家注和《史記會注考證》為基礎，新作的注釋非常詳盡。在依據傳統解釋的基礎上，充分吸收了近幾年來新的研究成果，並且對傳統解釋中的不當之處做出修正，再提出新的說法。

## 《抑鬱與超越──司馬遷與漢武帝時代》

作者：逯耀東　出版社：東大圖書公司，2007年

本書是作者畢生研究《史記》的成果。透過對《太史公自序》與《報任安書》的深入解讀，以及尋找司馬遷在《史記》中的架構安排、篇章聯繫、撰寫方法等背後意義，描寫出司馬遷如何藉由《史記》的傳世，抒發自己滿腔的抑鬱，並創造出這部在中國史學上具有重大影響的史書。

## 《歷史的長城：史記》

作者：蔡志忠　出版社：時報，2001年

本書以《史記》列傳中被稱為「戰國四大公子」的孟嘗君、平原君、信陵君、春申君為題材，把戰國時代四大公子的行徑用漫畫形式表現，生動地呈現不同的面貌和風格。

## 《史記》（全十五冊）

作者：橫山光輝　出版社：東立

日本知名漫畫家橫山光輝創作的漫畫版史書。以司馬遷艱苦奮鬥的生涯作為序幕，生動地描繪出春秋、戰國時代群雄相爭的激烈場面。

## 《新‧絲路傳奇》

演出者：馬友友、絲路合奏團（Silk Road Ensemble）　唱片公司：SONY MUSIC，2005年

專輯中結合了絲路上多元的音樂文化，從各種不同色彩的樂器，到流傳於絲路大地上各種的民族旋律，透過絲路合奏團成員的即興創作和交流，創作出融合東西方不同傳統與現代的新音樂。

## 《新絲綢之路》

類型：紀錄片　總導演：韋大軍　導演：向斌、丁虹、林兵

2003年，日本NHK電視台和中央電視台再度合作，重拍絲路。拍攝地點包括樓蘭、吐魯番、龜茲、敦煌、青海、黑水城和長安等地。為了重現從絲路發掘的文物真貌，攝製小組遠赴瑞典、英國、俄國、法國、日本和印度等地博物館進行拍攝。

## 《張騫通西域》

類型：紀錄片

本片是由中國國際電視總公司籌拍的大型電視紀錄片，重現張騫出使西域的過程，並在張騫故里城固縣開拍，沿著古代絲綢之路，闡釋張騫通西域的歷史意義和價值。

## 《張騫》

導演：陳薪伊

演員：米東風、安金玉　演出單位：陝西省歌舞劇院歌舞團

本劇被譽為「中國歌劇史上的里程碑」，曾榮獲中國第三屆國家「文華大獎」、「五個一工程」等獎項。該劇從相關的史書和傳奇故事中創造出戲劇情節，表現了張騫這位中國第一位的外交家、探險家，開拓絲綢之路的艱困，以及一代英雄的愛國豪情和悲壯氣概。

## 《司馬遷》

導演：查麗芳

演員：米東風、安金玉、黃君維　演出單位：陝西省歌舞劇院歌舞團

以走向盛世的漢代文明為背景，透過李陵被迫降敵、漢武帝怒斬李陵全家、司馬遷仗義執言被受宮刑、忍辱發憤完成《史記》等史實為根據，演繹了司馬遷和漢武帝兩個偉大人物的人格較量。

**從此葡萄入漢家** **史記·大宛列傳**

原著：司馬遷
導讀：葛劍雄
2.0繪圖：李曼吟

策畫：郝明義
主編：冼懿穎
美術設計：張士勇
編輯：張瑜珊
圖片編輯：陳怡慈
美術編輯：倪孟慧 戴妙容
邊欄短文寫作：馬孟龍
校對：呂佳真

感謝北京故宮博物院對本書之圖片內容提供特別支持與協助

企畫：網路與書股份有限公司
出版者：大塊文化出版股份有限公司
台北市10550南京東路四段25號11樓
www.locuspublishing.com
讀者服務專線：0800-006689
TEL：886-2-87123898 FAX：886-2-87123897
郵撥帳號：18955675
戶名：大塊文化出版股份有限公司
法律顧問：全理法律事務所董安丹律師

總經銷：大和書報圖書股份有限公司
地址：台北縣新莊市五工五路2號
TEL：886-2-8990-2588 FAX：886-2-2290-1658
製版：瑞豐實業股份有限公司
初版一刷：2010年12月
定價：新台幣220元
Printed in Taiwan

國家圖書館出版品預行編目(CIP)資料

從此葡萄入漢家：史記.大宛列傳 ＝ The records
of the grand historian ／ 司馬遷原著；葛劍
雄導讀；李曼吟繪圖. -- 初版. -- 臺北
市：大塊文化, 2010.12
面； 公分. -- (經典3.0)
ISBN 978-986-7975-78-2（平裝）

1.史記2.歷史故事

610.11                          99012717